"钱塘江故事"丛书编委会

主任　胡　坚

编委（以姓氏笔画为序）

安蓉泉　许莺燕　李　杰　陆　熙

陈荣高　周　膺　周小瓯　胡剑锋

徐　勤　傅建祥　滕　勇

支持单位　中共杭州市上城区委宣传部

『钱塘江故事』丛书

沈晔冰 / 著

雕刻时光

浙江工商大学出版社｜杭州

目 录

编撰"钱塘江故事"丛书是这群人的一种探索和努力。我们相信,该丛书的出版,有助于增加人们对钱塘江的了解,有助于丰富人们的文化生活,有助于增强钱塘江文化的外在影响力和文化软实力。

我们将以自己勤劳的双脚去丈量钱塘江两岸的崎岖路径,以敏锐的眼光去发现钱塘江流域散落的故事,以与众不同的思考去感悟钱塘江的文化特质,以鲜活的文字去表达钱塘江的无穷魅力。我们会专注于那些有情感的故事、有品味的故事、有启迪的故事、有历史的故事和有回味的故事,让读者在阅读中体会钱塘江的好、钱塘江的美、钱塘江的厚重与钱塘江的温度。

"钱塘江故事"丛书将高度关注钱塘江流域村落的过去与未来,关注非物质文化遗产的传承与活化,关注历史艺术与当代艺术的生命与发展,关注民间风俗和风土人情的变迁与时尚,关注旅游和文化的融合与共生,关注每一个值得关注的历史细节与文化符号。丛书在讲究思想性、学术性、艺术性的同时,突出实用性、服务性、可读性,希望能成为爱好者的口袋书、旅游者的携带书、管理者的参考书。

我们带着朝圣般的虔诚,带着颤抖的灵魂,带着历史的使命做这样一件有意义的事。

虽然道路遥远,但我们已经起步。

是为序。

"弄潮"是一种奇特的人文现象。"弄潮"之风在唐朝时兴起，宋朝时更甚。迎着滚滚而来、地覆天翻的江水，在声如雷鸣、涛如喷雪的潮水里，"弄潮儿向涛头立，手把红旗旗不湿"，气贯长虹的雄姿，给后人留下了不畏艰险、敢于拼搏、逆浪而进、力压潮头的人文精神。

钱塘江是一条艺术之江。自晋唐以来，钱塘江吸引了众多文人墨客前来游历论学。他们或探幽访胜，或宦游访友，或寄情山水，留下了无数诗篇华章，如白居易《忆江南》、柳永的《望海潮·东南形胜》等名篇，令画卷上的钱塘江弥漫着浓厚的书香与笔墨气息。在这里，诞生了无数绝世篇章。同时，成就了一代宗师黄公望的山水画巅峰之作《富春山居图》，造就了"中国山水画泰斗"黄宾虹等一批画家，诗情和画意绵延古今。另外，钱塘江还成就了吴越文化和在中国人文思想史上产生过重大影响的新安文化。孔氏家族"扈跸南渡"更是推动了儒学在江南的传播，开创了儒学新风尚。

钱塘江更是一条创造时代的奇迹之江。改革开放以来，浙江人民在建设中国特色社会主义的大潮中，干在实处，走在前列，勇立潮头，在钱塘江两岸创造了一个又一个人间奇迹，也创造了新时代的灿烂文化。特别是当我们走进新时代，吹响"实施拥江发展战略，努力打造和谐宜居、富有活力、特色鲜明的现代化城市"的号角，更让钱塘江彰显出勇立潮头、大气开放、互通共荣的时代精神。

钱塘江文化研究会聚集的这群人，有着一种强烈的文化情怀，要为挖掘、整理、塑造、传播钱塘江的文化尽微薄之力，做出自己的贡献。

总　序

钱塘江，流淌不息的是故事

浙江省钱塘江文化研究会会长　胡　坚

　　钱塘江，是浙江的"母亲河"，流经浙江近 50% 的省域面积，世世代代滋养着浙江人民繁衍生息。

　　钱塘江是一条自然之江。它是浙江境内最大的河流。以北源新安江起算，全长 588.73 千米；以南源衢江上游马金溪起算，全长 522.22 千米。两岸青山叠翠，云卷云舒，村镇星罗，田野棋布。钱塘江因天下独绝的奇山异水而久负盛名，享誉古今。它哺育的美丽浙江，有看不完的风景、说不完的故事、讲不完的传奇。

　　钱塘江是一条梦想之江。钱江源头，一滴滴水珠汇聚成涓涓细流，形成山涧的清泉，从蜿蜒的山脉中豁然涌出，汇成溪流，聚成小河，凝成大江，涌成惊涛拍岸的钱江大潮。每一滴水都能在这个过程中，发现自己原来这么有力量。钱塘江以不息的潮汐告诉人们——只要有梦想，有方向，有凝聚力，渺小也能够构成伟大，数量就会变成力量。

　　钱塘江是一条精神之江。钱塘江赋予浙江人物质财富和精神财富，浙江人赋予钱塘江自然状态和人文形态。"天时""地利"造就了钱塘江涌潮，"怒涛卷霜雪""壮观天下无"。千百年来，钱塘江

第一篇

雕刻時光

忆峥嵘岁月

胡家书写英雄传，兆富百姓淡名利
——专访全国优秀共产党员胡兆富

　　人物名片：胡兆富，山东济宁人。15 岁开始革命生涯。1958 年，转业到金华兰溪兰江冶炼厂的职工医院工作。1963 年作为南下干部，从兰溪兰江冶炼厂调到常山县人民医院。1985 年从常山县人民医院离休。他先后参加了抗日战争、解放战争，经历大小战斗 46 次，曾荣立 2 次特等功、7 次一等功、8 次二等功、5 次三等功。1947 年，被中国人民解放军华东野战军党委授予"三级战斗英雄"称号。1951 年，被华东军区授予"三级人民英雄"称号，受到毛主席和周总理的接见。2019 年，入选"中国好人榜"。2021 年，被中共中央授予"全国优秀共产党员"称号。

　　怀着对军人崇敬的心情，我终于见到了传奇的人民英雄、全国优秀共产党员——96 岁高龄的胡兆富爷爷。他精神矍铄，容光焕发，看起来只有 70 多岁。他热情地邀请我们坐下来，我们便随着他深邃的目光回到了过去。

本书作者（左）向胡兆富（右）献花

朝夕与临烽烟起，日月救护君须记

"我出生在山东，是正儿八经的山东人！"胡兆富爷爷说。

我哈哈笑了起来："怪不得爷爷您的声音如此洪亮。爷爷您的名字取得真好，您的名字，兆富，就是照拂呀，所以您一辈子就是在照拂别人，令我们学之不尽，学之不及。"

"小姑娘，你客气了。我讲讲我的故事吧。"我点了点头。胡爷爷非常慈祥，头发没有一丝凌乱。银丝一般的白发中还有少许黑发。微微下陷的眼窝里，一双深褐色的眼眸，诉说着岁月的沧桑。

"我是 1926 年出生的，是家中的老幺，5 岁时，我娘生病去世了，13 岁时，父亲生病去世了。我和哥哥姐姐都成了孤儿。为了活命，我们各奔东西，有的哥哥姐姐就再也没见过面。我一开始在地主家做小工养活自己。做小工比做长工更累，还会被地主等人欺负，说真的，当时为了养活自己，我只能这样咬紧牙关硬撑。不过说实话，我的倔脾气也是在这段时间形成的。我已经不怕苦，也敢于吃苦了。人活一口气，得挺直腰杆活着，不能丧失信心，也不能只会把苦水往肚里咽。所以，后来我也一直在关注外界，关注社会上的动静。我那时已经是十几岁的人了，心里隐隐有了一个想改变自己命运的念头。1941 年，村子里来了地下党员，他们的活动都是秘密进行的，主要是发动贫苦农民，把他们团结起来，并筹备成立'农民抗日救国会'（简称'农救会'）。'农救会'主要组织农民进行抗日活动，以及反霸斗争和生产运动。当时的我还只有十五六岁，属于赤贫人群，对外界充满好奇。有人动员我也去听一听，我就悄悄地去了。虽然听不太懂一些革命的道理，但是我觉得他们是为老百姓做事情，能够为我们带来生活的希望，所以只要是他们组织的活动，我都愿意参加。

　　"1943 年正处于抗日战争时期，日本人扫荡村庄，把我堂姐所在村里的老弱病残都杀了，把成年男子都抓走了。那时我已经 17 岁，懂得保家卫国的道理了，就毅然决然地离开村子去参军。我找到当时在我们村子里宣传革命道理的地下党员，他为我指引了大部队所在的方向。说实话，当时的我已经想好，哪怕走上十天半个月，哪怕要吃再多的苦，我也不怕，也不放弃，非要找到抗日的队伍不可。

　　"走了 2 天后，我终于遇到了泰宁抗日游击队，也说了是谁指引我找来的。经过考察，我就加入了抗日游击队。当时的分队长姓马，后来部队整编，加入野战军后，原先担任分队长的他当上了排长，后来又升任为连长（口述中胡兆富一直称他为"马队长"）。马队长是部队里第一个带领我、帮助我、培养我的人，我从他身上学到了很多。在睢宁战役中，我还从战场上救下过他。可惜，马队长没能等到全国解放，1948年牺牲在了济宁战役的战场上……"胡兆富的声音低沉了下去，然后停了一会，仿佛是对这位如老师般的领导的无声缅怀。

　　"我们的部队后又被编入八路军鲁南军区警备旅。一开始我担任通信员，后来领导了解到我认识一些字，在当时也算是一名'文化人'，所以安排我在部队接受培训以成为一名能够在战场上救死扶伤的卫生员。我当时以为当上卫生员，手里就有枪，结果马队长告诉我，卫生员有的是救护箱，救护箱里有很多药，尤其是有很多绷带，哪个队员受伤了，就要用这些绷带为他们包扎伤口，这时我才知道卫生员和通信员一样是不配枪的。因为我参军最大的愿望就是拿枪打鬼子，所以我当时不是很愿意做卫生员。还记得当时马队长语重心长地劝我：'你当卫生员，每次都能从战场上把伤员同志的生命挽救回来，这个作用，可比你拿枪与敌人战斗，不知要大多少倍啊！'听了这一席话，我就安心下来了，之后在许许多多战斗中，我始终坚持在一线救治伤员。"

胡爷爷告诉我们，他加入游击队后，山东的抗日队伍实行了整编。泰宁抗日游击队成了八路军鲁南军区警备旅第 15 团，属于中国人民解放军华东野战军第 7 师。华东野战军的第 7 师、第 8 师、第 9 师组成华东野战军的第 3 纵队。解放战争时期，这支队伍又被改编为第 7 兵团驻华东地区的第 22 军。第 22 军共有 3 个师，分别为第 64 师、第 65 师、第 66 师，而胡爷爷所在的军队为第 66 师第 196 团。

"爷爷，您是怎么学会这一身急救本事的？战场上子弹不长眼睛，但伤员的救援又不能随便。"

"刚才我又扯远啦。我讲讲我是怎么学习医疗救助技术的。我在泰宁抗日游击队时，跟着老卫生员学习伤口包扎等技术，后来部队整编，我到鲁南军区办的卫生学校读书。那时候部队卫生学校条件很简陋，连起码的校舍、器具设备都没有，老师都不固定，遇到打仗就搁下书本，跟着部队走。我在那里学的都是最基本的抢救技术，像外伤包扎、骨折整理，还有怎样打纱布绷带、怎样上夹板、怎样消炎等等。这些看着都挺简单，但在枪林弹雨的战场上，如果没有正确娴熟的抢救技术是不行的。比如面对流血的伤员，就得迅速找出创口在哪里并进行包扎，如果包扎错误，就会造成血液流通不畅，造成新的伤害。"胡爷爷那双本来已经有些浑浊的眼睛，讲到当时的情景，突然亮了起来。

"爷爷，您能讲讲卫生员在战场上的作用吗？"

一讲到抢救伤员，胡爷爷眼角的皱纹就漾开了。神采奕奕的胡爷爷，仿佛回到那生死的瞬间："在我们作战的一线，团一级设有卫生连，营一级设有卫生排，连级以下便是卫生班了。此外，还专门设有担架班，若担架员牺牲了，或者担架队一时跟不上，卫生员就得冒着枪林弹雨把伤员背下去，这是应尽的义务。在战场上，尤其是恶战时，重伤员很多，大出血的、重要部位受伤的不在少数，伤员自我包扎根本做不到，也不能解决问题。卫生员不但要全力止血，还要对重伤员进行骨折部位的固定等。战斗结束后的清场也十分重要，那时的战场已是一片焦土，遍地鲜血，地上的断肢也少不了，只有头脑冷静、动作飞快、眼神敏锐的卫生员，才能找到更多依然存活的战友，才能在战场上及时处理各种创伤。"

刀戈白袍鲜血染，前线横枪勇杀敌

"爷爷，您还记得自己第一次救护伤员的情景吗？"

"第一次在战场上救护伤员，是哪一次战斗，救的是谁，当时是怎样的一番情景，我已经记不清了。只记得还在学做卫生员期间，只要有需要，我就会出现在战场上。当卫生员，实战经验很重要，在战场上必须一边猫着腰，躲避呼啸而来的子弹，一边以飞快的动作给伤员包扎，争分夺秒地抢救战友。经历过，战斗过，既有了经验，又有了胆量，就更能胜任这份工作。特别是在看到战友经我的救治挽回了生命并重返战场时，我就特别高兴。这时我就会想起当时马队长劝导我的话。其实，前线上得多了，救护伤员就会更加投入。你想，身边的战友被子弹射中受伤了，担架队的人员牺牲了，我怎么可能没感觉？看到战友受伤和牺牲，涌上我心头的不是害怕，而是怒火。怒火化为力量，更让我全力以赴地冲上去，把战友救下来。一个卫生员，最大的耻辱就是把伤员丢在战场上，那是我宁可死掉都不愿做的事！这么多年，鲁南战役、开封战役、洛阳战役、孟良崮战役、济南战役、淮海战役、渡江战役、中南战役……我经历的大小战斗共有 46 次。从普通卫生员干到主力军医，我一直在前线救护伤员，从来没有丢下过一名伤员！我觉得部队需要我干这个，战友们需要我干这个，我也愿意干这个。"

看着胡爷爷，我不禁想：无论到了什么年代，纯粹的革命英雄主义精神都是有生命力的，其中蕴含的对生命意义的拷问，能够在任何时候都击中人内心的最深处。

"胡爷爷，您参加过这么多次的战役，有没有受过伤？"

"那当然有了，受伤甚至牺牲都是正常的。给我留下最深印象的是在 1948 年的开封战役中，我跟随突击部队冲进城里，遇到敌机轰炸，我背着救护箱弯着腰飞跑过去，从战场上救下了好几名伤员。当时我根本顾不上耳边飞过的子弹，忙着包扎伤员，直到战友王福山发现我头上有伤口。王福山蹲下来检查伤口，发现子弹直接击穿我的额头正中，穿透颅骨，斜斜地进入脑部，又从后颈部飞出。这可是典型的贯通伤。王福山当时看我还活着，觉得十分惊讶。后来我失血过多，晕了过去，被送往后方战地医院治疗。军医们看到我的伤情也非常惊讶。这时我才知道自己迎面撞上了死亡。

"我非常幸运，子弹凑巧没有击中我的脑干，据说离脑干只有几毫米了。其实这和日本人的子弹也有关系。苏联制造的步枪和手枪子弹都比较大，往往进去就是一个大弹孔，出来又是一个大弹孔，身体内的伤道也特别大，而日本兵使用的子弹就很不一样，进口小，出口也小。"

"经过这次死里逃生，您会害怕吗？"

"不怕。"胡爷爷淡然地笑着，"轻伤不下火线，这是一个卫生员最起码的素质。"

"我是最幸运的，除了有些头疼的症状，基本上没有妨碍正常活动的后遗症。经过这一次受伤，我更不怕子弹了，更不怕死了，更加勇敢地在战场上救护伤员。这条命，反正是捡回来的，后来的日子都是'赚的，我还怕啥？"胡爷爷说这番话的时候，额头上留着的那个弹孔疤痕依然显眼。我想每一位战士身上的伤痕，都是战斗烙下的印记。

"大大小小的战斗，已经说不清经历了多少。真正有功的人，是在我前面倒下的人。"胡爷爷轻描淡写地说道，"我只是尽我所能，让受伤的战友少吃苦，走南闯北打仗这么多年，我从没丢下过一个战友，不管情况如何危急，无论战友是死是活，都没丢过一个。抢救伤员必须争分夺秒，因为战场上受伤的战友，不少人身上都有枪炮留下的大创口，有的战友还失去了部分肢体，他们一般会出现大出血，抢救是绝对耽搁不起的，必须在妥善包扎后，以最快速度送往后方医院。看多了牺牲的战友，看多了鲜血染红的战场，可以这么说，每次我冲上前线去救伤员，都已做好牺牲的准备。在最艰难的一个晚上，大部队整夜边行进边作战，我包扎了 200 多名伤员。还有不要让牺牲的战友暴露在荒野上，尽量把他们的尸体埋起来。其实我做的事情微不足道，不值一提。"说到这里，胡爷爷沉默了，我们也沉默了，沉默于残酷无比的战争，沉默于生命的消逝，沉默于一个个为国献身的战士。

胡爷爷顿了顿说道："因为我是一名医生，所以见不得战友牺牲和受伤。"我的泪流了下来，我的心中充满了感动，感动于先辈们为了祖国的存亡将自己的生死置之度外，感动于先辈们誓死捍卫自己国家的尊严，感动于先辈们看似平凡实则是真英雄的人生历程。

"我参加济南战役，手指被子弹打飞，耳朵被炮弹震聋，但是在那场战役中，我为 90 多名伤员包扎，还把身负重伤的连长从阵地上抢救下来。可是因为那场战役，我的耳朵彻底聋了。说实话，参军以后，枪炮声听得太多了，我的听觉已经不是很好。可这一回，炸弹离我很近，爆炸声实在太响了，一下子让我丧失了听觉，直到现在都没有恢复。你

胡兆富题词留念

瞧，我现在就戴着助听器，没有这个，我一点也听不见。奇怪的是，济宁战役中被打飞掉的那截手指，后来竟然重新长出来了，不仔细看，就看不出来它曾经短过一截，可能是因为指根还在。耳膜震破了，却再也长不好了。"胡爷爷讲着讲着笑起来，发出了爽朗的笑声，好似在讲述别人的有趣故事，而不是在讲述自己命悬一线、死里逃生的惊险经历。

"虽然我的双耳听不见，但眼睛却异常明亮起来，只觉得丧失了听觉后，自己反而更能集中精神，使出劲头，像是摆脱了所有羁绊。我在扛着伤员往后撤时，还看见一枚黑色的炮弹直直地掉在身边，冒出一股烟，竟然没有爆炸，分明是哑弹。倘若真的炸了，自己也是必死无疑……真的很庆幸自己又逃过一劫。那时的我没有任何畏惧了。"爷爷站起来拿出一张荣誉证书，是 1949 年的模范事迹簿，上面这样写着："卫生班胡兆富同志参加革命，在党的培养下已整整战斗了 6 年，在这 6 年的战斗生活中经过了无数艰苦的战斗。在危急情况下，他总是舍生忘死地抢救伤员，全心全意地完成党交给他的任务。"

看着他风轻云淡的样子，我们无法去体验那个年代，但有一点毋庸置疑：正因为前辈们时刻心系祖国，才有了今天繁荣的中国。正因为他们时刻把祖国放在心中，所以如今世界才能把中国放在眼中。

救死扶伤平常事，上阵拼杀亦有之

"胡爷爷，您是什么时候入党的呢？"

"1947 年 1 月 6 日，我成为一名正式的共产党员。成为一名党员，是我人生中最大的一件事情。从此，我能直接接受党的教育和培养。党教导我要坚定信念，磨炼意志，要忠诚于人民，忠诚于事业，要为民族解放、实现共产主义奋斗终生。党叫我干啥我就干啥，我再也没有迷惘和犹豫，一门心思地冲上去，什么苦都愿意吃，什么考验都敢于经受！"

"我入党后参加的大大小小的战役中给我印象最深的是洛阳战役。"胡爷爷回忆，"其中一场战斗，我临危受命，指挥突击队夺取地堡。在敌人猛烈的火力下，排长、班长先后牺牲，我虽为医务人员，但作为幸存的支部委员，我毅然放下医药箱，挺身而出指挥一个班坚持战斗，一边组织一拨战士正面实施火力压制，一边指挥另一拨战士利用战壕掩护绕后，成功攻克敌人地堡，俘虏10余名敌人，缴获马枪、冲锋枪数支。在这场战斗后，我被授予特等功。"

立功无数未曾提，常山清创为国医

胡爷爷对党的忠诚和对祖国的热爱之情一直保持到现在。救死扶伤、敬业奉献是他的本色。中华人民共和国成立后，胡爷爷收起军功章，封存了那段烽火岁月的记忆和荣誉，但他本色依旧。

从战场回到了地方，胡爷爷开始向我讲述一个个他在地方治病救人的故事，苍老的声音有了一丝童趣。我一边听胡爷爷讲述，一边速记，思绪随着胡爷爷的声音缓缓地走进了那个治疗血吸虫病的年代："我在1958年，应组织需求离开部队，转业到金华市兰溪县（现为兰溪市）兰江冶炼厂的职工医院工作，继续治病救人。但20世纪中期，血吸虫病在国内暴发。病人肝、脾受损，到了疾病晚期，病人腹大如鼓却瘦骨嶙峋。而在当时常山县是血吸虫病的重灾区。我是党和人民培养出来的，哪里有需要，我就要去哪里。在兰溪县工作5年之后的1963年，我主动响应政府号召，申请到当时位置偏远、条件恶劣的常山县工作。我喜欢和群众待在一起，为群众服务。救一个，再救一个，无论到哪儿，我都是一名医生。无论是在战场上抢救伤员，还是在医院里救治血吸虫病人，我都一定会拼尽全力。我拒绝了常山县里原本为我安排的防疫站站长一职，到常山县人民医院内科当了一名临床医生，大城市和机关我都不愿意去，我愿意去偏远的地方，愿意在基层工作，支援血吸虫病防治工作。"

"爷爷，您在治疗血吸虫病的时候遇到过哪些困难？"

"由于交通不便，我要花上1天时间，徒步到距县城40多千米的地方给病人看病。有时碰到没钱治病的病人，我就帮他们垫付医药费。有时我结束医治工作后往家赶，在半路上接到了病人需要救治的消息，便立刻掉头回医院……"听到这里，我觉得胡爷爷真是转业不转志，还是和在战场上一样，始终将病人的生命放在首位。

胡爷爷的女儿胡玲坐在胡爷爷的旁边，她对我们说："我父亲在工作上真的还是蛮'拼'的，我们小时候家里有个约定，父亲不回家不能开饭。但是父亲经常下乡、加班，晚上八九点吃饭是常事，有些时候实在等不住了，母亲跑到医院去找父亲，得到的回答总是'在工作'，不是在看病人，就是出诊了，或者在值班。父亲真的非常敬业。直到1985年离休，我父亲始终奋战在救人一线，一天事假和病假都没有请过。离休后，医院想高薪返聘父亲，父亲就只象征性地收了1元钱的年薪。前些年，已经90多岁的父亲还忙得动时，他会在社区做义诊，给附近居民量血压、测血糖什么的。"

胡爷爷开口说道："我这么大年纪了，能帮到别人，也让我觉得自己还有价值，这都是应该的。"

"胡阿姨，您能给我们说说您眼中的父亲吗？"

"好的。在我们眼里，父亲就是工作狂。我们没醒他就出门工作了，我们睡着他还没回家。甚至每年春节，他也是以病人为先，常不回家过年。而且父亲对我们几个子女可严厉了。其实，父亲救死扶伤的行为为我们点亮了人生。小学四五年级时，有一天我突然肚子痛。母亲将我送到在医院的父亲这里，父亲让我留院观察。到了晚上，父亲让母亲睡在值班室，他自己则去看顾别的病人。母亲迷迷糊糊睡到天快亮时，父亲才出现，我们才知道他都还没有睡过觉。父亲将我背到二楼时，遇到病人家属，他们突然朝父亲跪了下来，感谢父亲救治他们的父亲。那次经历对我的人生影响很大，我觉得父亲很伟大，萌生了长大也要当医生的想法。后来在我的成长岁月里，耳畔经常会听到'你是胡医生的女儿吧？你爸爸真好''你爸爸救了我的命！''你爸爸真是个好医生'这样的话语。在路上，在校园里，在小区里，常常会有陌生人跟我打招呼、微笑。在家人生活中常常'缺席'的父亲，在广大病人中间却无处不在，无微不至，收获了非常多的尊重。父亲好像是我的灯塔，一直指引着我向前走，17岁选择专业时，我受他影响选择了护理专业，希望我的一生也跟父亲一样，在医疗岗位上治病救人。后来，我和姐姐都在医院工作。在家人的记忆中，父亲总是先病人再家人，先'大家'再'小家'。父亲经常和我们说：'我是个共产党员，要发挥先锋模范作用，不能把病人丢下。'在儿时的记忆里，等父亲下班、等父亲回家吃晚饭是我们4个孩子常会面对的事。因为父亲在生活上是一个不守时的人，母亲为了能让父亲按时下班吃上一顿晚餐，就拿出了老家的规矩——父亲不回来不能开饭。于是我们就会因为父亲太晚回家，在不经意间饿着肚子入睡。记忆最深刻的是有次元宵节，邻居给我们家送来了6个汤圆，那是我们北方家庭的孩子第一次看到汤圆，我们像往常一样围坐在晚饭桌前等待父亲归来。围坐在汤圆周围，等父亲回来的心情更加迫切，姐姐说：'我们一人喝一口汤吧。'然后，我们就你一口我一口地把汤喝完了，可父亲还是没有回来。后来我又说：'我们一人舔一口汤圆，看看什么味道。'大姐

胡兆富的奖章

说：'行，爸爸没有回来，汤圆只能舔不能吃。'等到父亲很晚到家，6个汤圆都还在，只是汤圆上多了一排排的小牙印。这就是我们对父亲的等待。"

听到这里我真的觉得非常心酸，胡爷爷一心为公，把"大家"放在心上，"小家"只能放在一边了。

胡玲继续说道："有一回，医院送来了一个患有非典型麻疹综合征的孩子，父母都准备放弃治疗了，父亲看了看孩子的眼睛，就判断孩子还能救，一定要坚持治疗，后来救活了这个孩子。当年的那个孩子现在都50多岁了，路上碰到我父亲，还会拉着他的手表示感谢。这样的画面数不胜数，我们作为家人也是非常骄傲和自豪的。"

天地英雄气，千秋尚凛然

"如今爷爷您已到鲐背之年，每天会做些什么？"

"我在家中每天都会通过读报了解国家社会发展动态。我老了，就想多活两年，要是能看到中国建成社会主义现代化强国，我就心满意足了。"我们祖国今天取得的建设成就，都是建立在先辈们打下的基础上的。立功建勋又深藏功名的胡爷爷始终坚持着为人民服务的初心，令人感动。

"爷爷，您平生获得这么多勋章和荣誉，最近又获得'全国优秀共产党员'的荣誉称号，真令我们后辈心生敬意！您是一位真正的英雄！"

"不要这么说，我功是立了不少，但胜利属于战友和群众。我只是被选出来的一个代表，我是人民的战士，是个微不足道的人。"

"您太谦虚啦，您的事迹是指引我们后辈前进的灯塔。"

"我所做的这些都是一名党员应该做的事情，可党和国家却给了我这么高的荣誉。我将教育好下一代，听党话，跟党走，做一颗永不生锈的螺丝钉。"

此时胡爷爷的女儿胡玲说："60多年来，无论顺境逆境，父亲从不提自己的战斗功绩。直到2019年常山县退役军人事务局进行信息核对，父亲让我找出一个尘封许久的鞋盒，里面保存的东西让所有人大吃一惊：数枚略显斑驳的军功章与一张人民英雄奖章颁授证明书。父亲这段经历，才终于为人所知。在抗日战争和解放战争中，他26次立功受奖，其中有2次特等功、7次一等功、8次二等功、5次三等功，以及1枚人民英雄奖章。我们儿女很是费解，荣誉等身的父亲，为何在过去几十年里，对这些荣誉只字不提？"

此时胡爷爷重申道："党和人民培养了我，作为共产党员，我就应该多为人民做贡献。"胡爷爷用一生诠释了一名共产党员、革命军人对职责与使命的坚守。在那个年代，我们中国涌现出了千千万万像胡爷爷这样的英雄，社会要进步，英雄的精神是必不可少的。

"胡爷爷，有一部京剧《战士》，是根据您的故事改编的，您看了后，觉得精髓被他们演绎出来了吗？"

胡爷爷激动地说："这部剧让我仿佛回到了过去。无论在部队，还是在地方，我都不是一个人在战斗。我始终在和我的战友并肩作战。岗位换了，但思想意识不能换，无论走到哪里，我都要为人民服务，做一颗有用的'螺丝钉'。这是贯穿我一生的信念。这部京剧的情节让我想起从孟良崮战役结束到1948年6月开封战役的那段时间里，我们部队一共走了多少路，我已经记不清了，只记得不停地在各个地方行走。有人开玩笑说，那一年，我们走的路比长征还要多，这当然是夸张了，但我们确实走了几千里路。虽然我们行军的路比红军好走，不用爬雪山、过草地，敌军的围追堵截也要比长征时期少很多，但我们经常急行军，来到某座城市的外围，与友军会合，就开始投入战斗。我和我的战友们，这一年脚底板上的血泡一直没有消退过，老茧也走出了不少。"

"胡爷爷，脚底有血泡，我们的战士还怎么走路啊？"

"脚底板上有血泡是不好走路的，必须把它挑破，放掉脓水让它结痂后，才好继续走路。因此行军时的每晚，我们坐下来以后的第一件事，就是忙着挑破脚底板上的血泡。先要洗好脚，再用消毒过的针穿进血泡，慢慢地把脓血引出来，绝对不能把血泡上的洞戳得太大，否则第二天走路，这洞越磨越大，就会越走越痛，甚至发炎、溃烂，那就完了。为了保持部队的战斗力，作为卫生班的班长，我每晚都会帮助战友处理脚底板上的血泡。作为野战军，脚不能走路，可是一件大事了。"

由这件事，我想到，在新时代英雄精神当有新传承。郁达夫说过：

"一个没有英雄的民族是不幸的，一个有英雄却不知敬重爱惜的民族是不可救药的。"幸运的是，翻开中华民族光辉灿烂的史册，我们有"仰天长啸，壮怀激烈"的英雄，我们有"人生自古谁无死，留取丹心照汗青"的英雄，我们有"苟利国家生死以，岂因祸福避趋之"的英雄。世事变迁，时光流淌，英雄精神永远熠熠生辉。一代代的英雄是中华民族的脊梁。在新时代，我们更应当尊重英雄，以英雄为榜样，在英雄精神的指引下，无畏前路风雨，无畏流言蜚语，在实现自我价值的同时，使英雄精神得到新的传承。

"爷爷，7月1日上午，您作为'全国优秀共产党员'在电视机前收看庆祝中国共产党成立100周年大会的现场直播，有什么感受啊？"

胡爷爷的眼睛亮了起来，兴奋地对我们说道："最让我兴奋的就是我能代替千千万万倒下的战友，到北京参加庆祝中国共产党成立100周年的活动。他们看不到这个场面，我替他们看到了。我叮嘱孙子胡烨宇，他作为在中国共产党成立100周年之际入党的新生代党员，应该听党话，跟党走，不要因为自己立了一点功，或者在工作中有了什么突出表现，或在工作中受到了领导表扬就骄傲起来。"

"我的初心是全心全意为人民服务！"胡爷爷最后又笑呵呵地对我们说道。我想真正的英雄就是像胡爷爷这样的。电影和小说中刻画的虎胆英雄，其实就在我们身边。胡兆富一辈子淡泊名利，无论在战争岁月中还是在和平年代里，遇到困难和挫折时，他始终以战士的精神和意志，直面人生的挑战。愿我们从胡兆富的人生故事中得到启迪，共同发扬和赓续他的精神。

专访于 2021 年 7 月

峥嵘岁月铸壮志
——专访维和警察何斌

人物名片： 何斌，浙江嘉兴人，嘉善县公安局出入境管理大队副大队长，现候任中国驻印度警务联络官。1994年毕业于浙江省平湖师范学校（现为嘉兴学院平湖师范学院），从教11年，2005年通过公务员考试加入公安队伍，先后在刑事侦查、巡特警、派出所和出入境管理大队等岗位上工作。擅长英语翻译和涉外警务，持有中华人民共和国翻译专业资格（水平）证书（英语二级笔译）。2010年和2017年通过联合国维和警察选拔考试，前往非洲的利比里亚和南苏丹执行维和任务。工作至今，荣立中华人民共和国公安部颁发的个人一等功、浙江省公安厅颁发的二等功各一次，两次获得联合国维持和平勋章，获得嘉兴市劳动模范、浙江省优秀人民警察等荣誉称号。

在元旦这样一个充满梦想和希望的日子里，人们的心中往往会产生"昨夜斗回北，今朝岁起东"的情怀。我和何斌几次相约都不曾如约，这次相约在2019年元旦他值班的日子，何斌对我说，这样我可以和他多聊一会儿，要是平时，他不会有这样完整的时间——警察这份职业是和节日绝缘的。我在感慨的同时果断放弃和家人共度元旦的机会，开车

何斌（右）和本书作者（左）

来到了他的工作单位——嘉善县公安局出入境管理大队。

我和何斌相识多年，这次见面时他站在单位门口，手握手机，眼睛深邃又沉静，笔挺的鼻梁下，嘴唇被岁月的笔锋勾勒出几分坚毅。除了警察的威严以外，何斌身上还透出一股书卷气，因为他曾是一名教师，2005 年才进入警察队伍。

志存高远，咬定青山不放松

采访一开始，我就开门见山地对何斌说："我对你的经历一直很好奇，维和部队是不是要在枪林弹雨中穿梭，时常有生命危险？"

何斌咧嘴一笑，露出一排洁白的牙齿，对我说："首先我要纠正你的称呼，我曾是一名维和警察，并不是维和部队。然后我要纠正你的概念，我们维和警察和维和部队还是有一定区别的，并不常常穿梭在枪林弹雨中。维和警察的主要任务是维持当地社会秩序，并培训当地的警察，监督他们执法，起到'国际观察员'的作用。但是有时也确实会遇到你所想象的'枪林弹雨'的情况。"

"那么你担任维和警察的缘由是什么？"

"你知道我不是一个好安稳的人，从一名教师转变为一名警察也说明了这一点。我心中一直想为国家，甚至是为世界做些什么，所以在2009 年，当我看到浙江省招录维和警察时，我就心动了。征得家人的同意后，我马上投入准备工作当中，我是一个一旦有目标就义无反顾往前走的人。

"2009 年 11 月底考生报名，12 月公安部组织考试，经过'魔鬼特训'，在 2010 年 3 月底，我参加了程序复杂的联合国派遣专家甄选考试。其中听力考试的英语全是非洲口音，我刚听的时候，觉得那完全是另外一种语言，心里别扭得很，但是考试题目里面提到的细节，都要求我们写对，比如涉案人员的体貌特征、衣服品牌、鞋子颜色等。3月28日和3月29日的'死亡考试'是最叫人难忘的，从听、说、读、写到驾驶、枪械，一轮一轮地淘汰，只要一个问题回答不上来，就得卷铺盖回家，完全没有商量的余地。"

最后，这支"特殊队伍"从最初报名的78人淘汰至20人。

"我们总共有20人获得了联合国颁发的维和警察资格证书，但最后只有18人能去利比里亚执行维和任务。"当年何斌才35岁，正是意气风发的年龄。看着何斌眼中射出的那种光芒，我重新认识了这位我多年前就相识的人。他就如"立根原在破岩中"的竹子，坚忍不拔，苦练内功。

2010年6月，何斌作为嘉兴市第一名联合国维和警察，随中国第九支赴利比里亚维和警队前往利比里亚执行维和任务。何斌对我说，由于利比里亚的政局当时相对比较稳定，他在利比里亚的维和任务主要是培训当地的警察，帮助重建当地的警察系统。

"当地的居住条件简陋，饮食不习惯，物资匮乏，传染病时常暴发，还有频频发生的部落冲突和武装抢劫……"何斌几句话淡淡地带过在利比里亚当地的情况，而他每一次维和行动都会面临诸多未知的挑战，"记得去利比里亚时，因为居住条件差，所以要自己动手加盖房屋。我向当地人租房子，搭围墙，购买当地食物做饭做菜，不但吃着不习惯，而且食物单一，甚至有时连喝水都成问题，一瓶水要几个人分。出发前我们都带上了酱油、榨菜、方便面等，这些东西极大地提高了我们在利比里亚的生活质量。"

值得庆贺的是，在利比里亚的13个月多的时间里，何斌表现出色，凸显了浙江警察乃至中国警察的素质和能力。他是利比里亚格林维尔地区的维和警队队长，还曾担任当地锡诺州维和警局局长。何斌所在的地区共有维和警察 7 人，其中有 2 个中国人、2 个孟加拉国人、2 个斐济人和 1 个肯尼亚人，他们主要负责当地的维和警务工作，在当地侦破大小案件 1200 余起。2011 年 7 月，何斌回国。浙江省派出的包括何斌在内的 18 名维和警察胜利完成任务，获得联合国颁发的"和平勋章"。

坚忍不拔，千磨万击还坚劲

何斌说："以后如果有机会的话，我还会加入维和队伍，做更多的事，展示中国警察的风采！"

2016 年 9 月，浙江省公安厅着手组建中国第六支赴南苏丹维和警队时，何斌再次萌生了参与的想法。我很不解地问何斌："你明明知道第二次去维和的国家比上一次要危险得多，动荡得多，为什么还会参与呢？"

"这就像人的嗜好，会上瘾。"何斌先是打趣地笑了笑，后又转为严肃，还显得有些激动地对我说，"在利比里亚执行维和任务时，我亲眼见到国家动荡导致民不聊生。只有设身处地才能体会，人权遭到践踏、人们流离失所的可怕。我内心一直涌动着对世界和平的企盼，希望更多国家的人民能够拥有和平。"

听到这些话，我的眼睛湿润了，内心涌起一股对这位旧相识的敬意。我们俩沉默了几秒钟，何斌才继续谈起他的经历：为了进入这一次维和警队，他每天都要抽出两三个小时自学英语。现在他的英语水平已超过了专业八级。2017 年，他还参加了英语翻译资格考试。2017 年 2 月 14 日，时隔 7 年，他再度经历"魔鬼特训"和"死亡考试"，一路通关后，何斌作为中国第六支赴南苏丹维和警队的一员出征，并担任警队副队长。

第二次肩负使命去南苏丹帮助饱受战乱之苦的国际难民，何斌内心希望的是世界能够拥有更持久的和平。"男儿志千里，吾生未有涯。"这是我曾经看到的何斌的微信个性签名，或许当下我更加能体会他的这句话。

我问："家人对你第二次去维和支持吗？"2017年出发前，何斌刚成为二胎爸爸，小女儿才4个多月大。

"那次远行，妻子起初是持反对态度的。一走就是一年，照顾不了家人，还要家人替我担心，我心里是真觉得对不住家人。"何斌再度说起时仍红了眼睛，不好意思地对我笑了笑说，"但我更要感谢家人最终理解和支持了我的梦想。"

派遣维和警察执行联合国任务，是中国履行大国使命、服务构建人类命运共同体的具体体现。对何斌来说，参与维和警队最大的吸引力在于为国争光，实现梦想，同时还可以和众多国家的警察进行交流、切磋。在第一次担任维和警察时，何斌就深切地感受到，中国警察的能力绝不比外国警察差。"我们从外国警察身上学到了东西，也展示了我们自己的优势，比如适应能力强、反应快、计算机运用能力强、对案件判断准确，从警务技能上讲，我们绝对不落下风。"所以第二次出征时，他更是信心满满。

何斌对我说，南苏丹是一个位于非洲东北部的内陆国家，属于热带草原气候区，全年高温，气温最高时可达50℃。作为世界上最年轻的国家，南苏丹从2011年7月9日宣告独立后，就因为党派纷争不断、部族矛盾根深蒂固而陷入持续的武装冲突中，常年战乱导致数百万民众流离失所，人道主义危机极其严重。2016年7月在首都朱巴爆发的政府军和反对派的武装冲突，造成了数百人死亡、大批南苏丹人逃往邻国的后果，中国维和部队的2名队员也在武装冲突中壮烈牺牲。不仅如此，据联合国国际难民署统计，南苏丹约有 500 万人面临严重饥荒，全国范围内仅约 40% 的地区勉强能供应饮用水，电力严重不足。何斌和另外 2 名中国维和警察被分配在南苏丹西部战区工作，营地总部设在瓦乌（Wau），营地大门上挂有"UNMISS Field Office in Wau"的牌子。如果按字面意思译成联合国南苏丹特派团驻瓦乌办公室，显然不足以将这个占地约 2 平方千米，瓦乌地区唯一夜间灯火通明的地方的特殊性表达出来。这是联合国南苏丹特派团设立在瓦乌地区的分支机构，当地人更倾向于称呼它为"联合国城"，其中设有维和警队、人权保护、公共信息、通信和后勤等部门，各个部门又根据本系统的特点分出不同的办公室来。来自中国、美国、俄罗斯等 18 个国家的近 60 名维和警察在这里执行任务。

一身正气，任尔东西南北风

2017 年 3 月 17 日，何斌和警队队员范真权、韩卓琦完成了岗前培训，乘坐联合国航班从首都朱巴出发，于当地时间 15 时 30 分到达瓦乌。维和警察人事部门的乌克兰籍警察带人开了 2 辆车前来迎接，正在当地执行维和任务的 3 位中国军事参谋也闻讯赶来。车辆驶出机场约 300 米便抵达了联合国南苏丹特派团驻瓦乌办公室。最初，何斌他们 3 人都被安排在 MSA 1 区住宿。他的房间号为 D03，是一个集装箱大小的板房。这些简陋的板房是维和人员生活起居的地方，基本上能够做到 24 小时供电，但是洗漱和做饭必须到卫生状况较差的公共板房里去。联合国通信部门在整个营区实现了无线网络覆盖，但是仅限于联合国注册的电脑使用，网上活动也受到监测，网络中断更是家常便饭。整个营区里各种型号的柴油发电机成天轰响着，为维和人员的工作和生活提供电力。遇到机器故障或是油料短缺时，电力便会中断，这在高温天气里简直就是灾难。

"你们几个人的具体任务是什么？"我问道。

一谈起这些，何斌眼里便有光芒闪烁起来："在瓦乌地区，由联合国直接提供保护的平民保护区有 2 个：一号区成立于 2013 年底内战爆发时，位于营地的东南侧，经国际移民组织（IOM）统计，一号区人数为 219 人，全部是努尔族；二号区成立于 2016 年 7 月南苏丹国内冲突再次爆发时，位于营地的西侧，经统计，二号区人数为 25000 多人。一号区因为人数少，一直比较稳定有序，而二号区因为人数众多、人员复杂，是维和警察需要全力以赴予以关注的工作重点。"

维和警队部门下设 7 个办公室，为行动与报告办公室、人事与后勤办公室、社区警务办公室、弱势群体保护办公室、形势评估办公室、数据管理办公室和防暴队协调联络办公室。在保护区内工作了半年之后，2017 年 8 月，何斌通过岗位竞聘成为行动与报告办公室负责人，负责瓦乌地区维和警察的行动计划和协调工作，并负责向上级报告重大事件，办公室下设战术行动与宣传教育 2 个岗位。作为行动与报告办公室负责人，何斌必须了解实际情况以更好地应对突发事件，制订出符合实际需要的行动计划来。维和警察在平民保护区的执勤为三班倒，24 小时有人值守，确保区内发生的任何治安事件都能够得到及时处理。早上 6 时到下午 2 时为上午班，下午 2 时到晚上 10 时为下午班，晚上 10 时至次日早上 6 时为夜班。每班设 1 名组长，负责安排具体的工作和完成本班次的工作报告。如果遇到重大事件，组长还需要通过何斌及时与瓦乌的维和警队总负责人联系，以便进一步协调其他部门人员做出响应。

何斌对我说，他在工作中遇到的最大的挑战无非三方面：一是对气候环境的不适应。南苏丹每年 5 月至 10 月为雨季，降雨量大，气温保持在 20—40℃之间；11 月至次年 4 月为旱季，气温保持在 30—50℃。长年日照强烈、灰尘扑面，加上公共卫生水平极低，蚊虫肆虐，疟疾、霍乱等疫病高发，连来自其邻国埃塞俄比亚、肯尼亚的维和警察都连呼吃不消。二是民众受教育程度低，沟通困难。当地自 20 世纪 50 年代以来就一直处于动荡的战乱状态，2013 年底全面内战爆发，好几代人都是听着枪炮声长大的。当地教育普及率很低，民众的法治意识淡薄，而且当地民众普遍讲阿拉伯语，处理事件时若没有翻译在场，工作就很难开展。三是战乱不断，社会不稳定。特别是 2016 年 7 月朱巴冲突爆发，导致难民人数直线上升，再加上伏击、枪杀人道主义援助组织工作人员，袭击联合国营地及其工作人员等事件频频发生，地方部落相继建立非法武装互相攻击，使维和人员的人身安全面临极大的威胁。

二号保护区内的秩序十分混乱。密密麻麻的棚屋暴晒在烈日下，很多人甚至连床都没有，唯一的生活来源是联合国分发的粮食和其他生活物资。好多人就着一块薄薄的毯子席地而卧，全然不顾风起时漫天的沙尘，只为了寻求一个不会意外丧生的角落。生存安全，是他们眼里最为稀缺的东西。如果没有联合国的介入，这个国家的很多平民很难活到今天。

最令何斌难忘的还是从 2017 年 3 月 25 日一早开始的战乱。当天早上 7 时 30 分左右，何斌和队友们听到瓦乌市区方向传来炮声，因为距离他所在的营地很近，他们居住的板房震动剧烈。这是何斌在读了各种关于南苏丹武装冲突的报道后，第一次近距离感受战乱和硝烟。但他迅速冷静下来，在准备好应急防护装备保障自己人身安全的前提下，指挥并参与到疏散难民的行动中。何斌回想起当时的情形："我不停地向难民宣讲政策，说所有人都能获得联合国的保护，但是为了避免发生踩踏事故，会将未获得落脚点的难民先安顿在主干道两侧，等移民组织腾出空地再进行位置分配。"最终在维和警察的努力下，混乱渐渐平息下来。抢到了一小块地方的难民安静地躺在毯子上，脸色出奇平静，仿佛周边发生的一切与他们并无关系。

当时何斌看到一个年轻母亲侧卧在地上，一手支起脑袋，一手垂于身后，身边围绕着 3 个孩子。其中最小的女孩，只有三四岁的样子，脸上的泪水混入尘土留下弯弯曲曲的痕迹。何斌从制服裤子的侧袋里掏出一包饼干，朝女孩笑了笑，她怯生生地伸出手来，何斌把饼干递到了她的手里。听到这里，我的眼泪不自觉地流了下来。

历冰霜，不变好风姿，温如玉

联合国儿童基金会（UNICEF）在二号区东侧与联合国营地毗邻的空地上建了一所学校，为区内的儿童提供免费的教育服务。一号区内有个叫詹姆斯的 16 岁少年获得了何斌的资助，他跟随姐姐在 2013 年底到达一号区生活至今，目前在该保护区内的联合国儿童基金会学校读 5 年级。由于学校里的当地教师要求学生每月支付 100 南苏丹镑，何斌就每月替他支付这笔费用。每个周末詹姆斯都会外出打零工挣钱，随后他看中了贩卖鸡鸭的生意。何斌资助了他一部分启动资金，这样他的生意就能有模有样地开始了。当然，何斌也对他有要求，那就是不能放弃学业。每当何斌到一号区执勤时，詹姆斯都会到旁边看着何斌办公，在何斌空闲下来时讲述他近来的学习和生活情况。詹姆斯曾经问过何斌一个问题：他们 3 个中国维和警察是否会赠送些衣物、太阳能电池和手机给保护区里的孩子？何斌想了想，告诉詹姆斯："这并不是必选项，但我们会送给孩子们希望，这希望能够使人们回到自己的土地上从事生产劳动，最终使每个人能够依靠自己的力量和大自然的馈赠过上安定的生活。"即便过程中面临恶劣的自然环境和不时爆发的战乱与冲突，但提起维和经历，何斌更愿意用"甜"来替代"苦"。工作之余，何斌等 3 人在营区里开垦荒地，他们从中国医疗队那里要来了种子，建起了自己的"菜园子"。除去这些琐事，何斌剩余的时间就用于学习，他通过网络认真学习国内的一些重要文件和精神，学习在任务区使用的各类联合国标准规范，同时他也在继续学习语言，提高语言应用能力。

敬业奉献，俯首甘为孺子牛

联合国南苏丹特派团驻瓦乌办公室作为西部战区一级指挥机构，还负责县一级分队的日常督导工作。联合国南苏丹特派团驻瓦乌办公室行政管理岗位空缺时就会在瓦乌的维和警察中选拔。选拔程序很简单：发布岗位空缺公告，审查个人简历，面（笔）试，公布结果。各国维和警察对岗位选拔的关注度很高。事实上，选拔也正是为了让那些语言能力强、业务能力突出、熟悉工作流程的人到行政管理岗位去，从而使地区与总部之间保持顺畅的交流，更好地服务于一线执勤的维和警察。因此，维和警察会把来自各自国家的警察占据办公室岗位的数量视作一种成绩。瓦乌的维和警察总数在 60 人左右，来自 18 个国家，想要在这个群体中脱颖而出，并不容易。行动与报告办公室负责人的竞聘公告发布后，有实力的俄罗斯籍、尼日利亚籍资深维和警察都报名了。竞聘当天，何斌以为是面试，空着手来到维和警察会议室，只见另外 5 名竞聘者都带了笔记本电脑，正襟危坐，默念着文件资料。作为主考官的维和警察总负责人戈达纳感到很奇怪，问何斌："考试时参考一下电脑里的文件很有裨益，为何不带上电脑呢？"何斌自信地说："所有的东西都在我的脑子里了。"考试开始了，题目是以"如何做一名行动指挥官"为题写一篇文章，限时一小时，字数不限。尼日利亚籍维和警察克里斯托弗第一个交卷，踌躇满志地离开了。第二个交卷的是何斌，他从岗位性质特点到工作方法，写满了一张A4纸的正反面。戈达纳扫了一眼，面露惊讶："你的字写得真漂亮，像是印刷出来的。"考完试后，何斌回到二号区值勤点调解难民之间的纠纷，不久便接到戈达纳通过无线电对讲机传来的通知："你就是新的行动指挥官了，恭喜你。"后来何斌也做过两次考官，从普通维和警察中选拔行政管理人员。我向何斌竖起了大拇指，并夸他是一名英雄，他倒是很严肃地对我说："维和警察并不是英雄，抱着升官发财的目的或是个人英雄主义的想法的维和警察，我未曾遇到过。至少我本人并不认同英雄一说，我就是一个普通民警。"

何斌继续对我说："维和是一场无声的较量，我们的对手是自己。"两次担任维和警察的经历使他深深体会到，这份工作琐碎而艰苦，与死亡共行，和危险做伴。何斌和他的同事们用专业素养，在国际上树立了中国警察的优良形象。

"我们在这个动荡的任务区里经历了很多事，大家在不同的地方为实现和平的信念而努力。虽然每个人的力量都很渺小，但是我们汇集起来的雄壮声音将一直在我的记忆里回荡！"这是何斌离开南苏丹前的最后一条朋友圈。

他与浙江警队的其他6名维和警察于2018年2月27日晚回到了祖国的怀抱。浙江省公安厅的领导为他们举行了隆重的欢迎仪式。"如果此生还有机会，我愿意再担任维和警察。"何斌认真地对我说。

专访于2019年1月

第
二
篇

雕刻时光

阅别时光

数风流人物

体坛英雄，云卷奇迹
——专访体操奥运冠军楼云

人物名片：楼云，浙江杭州人，原中国体操队运动员。1973 年楼云进入杭州市少年儿童业余体育学校开始体操训练，同年进入浙江省青少年业余体育学校体操班，1977 年被选入国家体操集训队。楼云在1984 年洛杉矶奥运会、1988 年汉城（现称"首尔"）奥运会上两度夺得男子体操跳马金牌，国际体操联合会以楼云命名了"楼云跳"和"楼云空翻"。楼云是中国第一位蝉联奥运金牌的运动员，被称为"跳马王"，曾获得"建国 40 年来杰出运动员""全国十佳运动员"等荣誉称号。

初见楼云，是在杭州西溪湿地的一条船上，我看到一个身穿水墨色外衣，身材魁梧、相貌威武的人，于是心怀忐忑地问了一句："您就是楼云大哥吧？"对方说："是啊。"我很激动，向楼云要了签名。那天晚上，我们因一场体育盛事而再次相遇，我坐在他身边，他就开始讲起了自己的故事。

楼云（右）和本书作者（左）

时来天地皆同力，运转民间出英雄

"我从小就特别调皮，家里的桌子、木桶都会拿来玩。后来爷爷实在看不下去了，觉得再这么玩，整个家都会给我拆掉。于是让爸爸送我去体校。"

我忍不住问道："那时您几岁？"

楼云答："6岁，但是真正去体校是8岁。那是在1971年，父亲带着我去看在杭州举行的中国体操队和日本体操队的对抗赛。我看了一会儿，感觉体操项目太好玩了。出了体操馆，我就跟爸爸说，刚才看的项目我也会。爸爸要我来一下，我就在草地上跳，其实是胡跳，因为那时候我还没有受过训练。我爸爸一看，就说'你喜欢就去练体操'。我就这样去练体操了。"

"那当时教练觉得你适不适合练体操？"

"我的第一个教练——杭州市少年儿童业余体育学校的教练吴维荣老师特别喜欢我，常说'这小孩太有灵气了，肯定行'。也有的教练始终不喜欢我。记得1974年我开始在浙江省参加比赛，连续3年获得浙江省的少年体操比赛冠军，却进不了浙江省队，因为浙江省队的教练看不上我，始终不要我。1977年我参加全国少年体操比赛，那一年国家队教练第一次到业余体校去选国家队的苗子，选中了我。当时我在广东省比赛，还不知道这个消息，回去以后我们体校的教练特别兴奋，告诉我'楼云赶快准备。跟你爸妈说，你可以进国家体操队了'。当时我还有点不相信。"

忽如一夜识愁味，吾将上下而求索

"练体操很苦，你当时有心理准备吗？"

　　"我原本所在的体校其实还是业余性质的。真正到了国家队以后，我就感到有些受不了。以前我感觉体操好玩，可以显示出我的能力，可到了国家队，其他队员都是从各省队选拔上来的，我的水平是最低的，所以每天教练就给我单独列一张训练计划表。别的小孩每天都是练新动作，我却还要练一些原来的动作，比如踺子小翻 100 个、单杠向后大回环 500 个、单杠向前大回环 500 个。我天天练这些基本动作，练得手上都起了血泡，我特别害怕，对教练说：'我觉得我不行了，我手上长血泡了。'教练对我说：'血泡有什么！你去医务室自己拿根针给它捅了。'从那几次以后，我在半年时间里几乎天天晚上都在哭，没想到体操那么可怕。"

　　"你是从业余体校来的，而其他队员都是从专业的省队的，有没有被其他队员看不起的情况？"

　　"被小瞧的情况太多了。记得当时每天训练我都不敢去，会害怕体操房，倒不是因为练体操苦，而是因为一进入体操房，很多队员就会说'楼云，体操不是你那样练的'，还有队员更尖刻，直接说：'楼云你五短身材的，旁边有举重馆，赶快去练，还有可能拿个全国冠军，体操你没戏！'假如有现在的交通条件，我肯定自己跑回杭州了。那时候没办法，而且我自己买不起火车票，对这些话只能忍着。"

　　"那你进入国家队后，有什么样的机会才能去比赛？"

　　"那是在 1978 年，记得是进入国家队的第二年，我去参加全国少年体操比赛，成绩是全国第五十六名。我记得当时的主管教练杨明明死活不要我了，要把我退回浙江省队。那天陆指导（选我到国家队的教练）到宿舍来对我说：'楼云我要找你好好谈一谈。你知道你这次以国家队的名义参加全国少年体操比赛，拿第五十六名，这是给国家队丢脸。杨教练跟我说，要马上把你退回去。但是你的集训期还有半年，你半年没有转变的话，我也没办法，只能把你退回浙江去了。'我的第一反应就是想起浙江省队教练的那句话，内心觉得死活不能被退回。那一个晚上之后，我好像一下子懂事了很多。以前到休息日恨不得跟队友先去天安门逛一圈，再到崇文门菜市场逛一圈，但那天谈完话以后，我休息日几乎就不出去玩了，一个人背着训练包去体操房。一个人我又害怕，练双杠的时候，就用海绵条把双杠给捆起来，扎好，再自己练习。有一次我练习时摔到地上把耳朵处摔伤了，第二天教练问我，我却不敢说受伤的原因，教练就生气了：'你看你那么调皮，休息日都不好好休息！继续练。'我也就咬咬牙，继续练习。半年集训期快到的时候，我就去参加全国体操比赛了。"

"当时你多少岁？"

"15 岁，当时一起参赛的有老一批的运动员蔡焕宗、熊松良，还有像李月久、黄玉斌这些运动员。突然一下子，我整个人都变了，变成熟了，在全国体操比赛上我拿到了第七名。这算是个好名次，这下回到国家队，我就有底气了，国家队教练非但没有把我退回去，还马上把我当作重点对象来培养了，说这就是以后拿奖牌的苗子了。"时隔多年，回忆起这一次带来人生转折的比赛，楼云还是像孩子一样快乐地笑了。

"其实说起体操，回忆起来还是有很多痛苦的往事。1979 年参加全国体操比赛拿了名次以后，我被当作重点培养对象。我那时满脑子想的都是要去拿金牌。1981 年我被纳入参加世界锦标赛的阵容里。1981 年 4 月 9 日，我在练习一个后来被叫作'楼云空翻'的动作，就是分腿屈体侧空翻两周加转体 270° 的动作，落地的时候把腿摔折了，整个腿翘成了 L 形。大家见了都很害怕，赶快把我送到了医院。"

"手术成功吗？"

"运气特别好。真的是运气特别好。当时安排给我做手术的是一个实习医生，第二天早晨 8 点半就进手术室了。我躺在手术台上，护士长过来拍拍我的脸，说：'楼云你别害怕，主刀医生换了，实习大夫昨天晚上急性肠炎请假。'我忙着问：'现在主刀大夫是谁呢？'护士长告诉我是北京大学第三医院的曲绵域曲大夫。曲大夫大名鼎鼎，我一个没有名气的小运动员，能由曲大夫动手术是很难得的，就因为这天是曲大夫值班。但是曲大夫进来第一句话特别打击我，他看着我的腿直摇头，说：'这小孩完了，怎么摔成这样？以后走路可能都有问题了。'当时我听了，整个人就感觉要死了一样。接着又听他说：'这样吧，就是开刀开 S 形。打得开一点，因为我估计他整个膝盖全完了。'开刀以后，曲大夫很惊奇：'这小孩运气怎么那么好，只有内侧副韧带断了，前后十字韧带和骨头，都只是受了点损伤，没有断。这还好，还能练体操！'就是曲大夫这番话让我又'复活'了，于是那时候我就想：'我出院后，一定要练好体操，要拿世界冠军、奥运冠军。'"楼云那天晚上讲到这一段，仍深感幸运地笑出声来，我受他感染，也笑了。

千古江山英雄觅，春风得意喜鹊啼

"腿伤恢复以后，还有机会参加国际比赛吗？"我提问。楼云朗声一笑："这是一个非常具有戏剧性的过程。当时国家队看我伤得那么严重，就运动员生涯而言，可以说已经'被判了死刑'。但国家队有一个比较好的传统，就是把像我这种情况的队员退回省队之前都会尽量想办法安排出国参赛一次。日本有一个比赛叫中部日本杯，其实这个比赛档次比较高，要求参加的选手都是国际知名的体操选手。国家队有两男两女一共 4 个名额。然后我们教练就把我的名字报上去了。那时我特别兴奋，因为腿伤恢复之后，我就开始训练了。但是办比赛用的出国签证的过程反反复复，比赛主办方一会儿说同意，一会儿说不同意，原因是他们认为像我这样的不知名选手会把他们整个赛事的档次拉低，进而影响收视率什么的。我记得我们领队拼命地跟比赛主办方交涉，说楼云是中国最知名的后起之秀，把我吹得天花乱坠。一番拉扯之后，我终于办好了签证，前往日本。一到日本马上有场新闻发布会，所有运动员都到齐了，几乎都是体操界的世界明星。我看到差不多每一个参赛的运动员都有记者提问，但一直没有一个记者来向我提问。我们教练怕我难受，就让我先回房间休息。因为是新手，我一直非常珍惜每一次比赛的机会。第一次参加国际比赛，我就拿到了自由体操和跳马的金牌。"

"太厉害啦！"我感到特别兴奋，"您能够从业余体校直接进入国家队，这已经是一个奇迹了。之后您受了那么严重的伤，恢复之后再参加国际比赛还能拿到金牌，这不能不说是另一个奇迹。"

此时楼云乐呵呵地笑了，还不好意思地挠了挠头。

"在 1984 年的洛杉矶奥运会上，您实现了当年手术台上的梦想，拿了一枚很重要的金牌。而且在那届奥运会上，您首次完成了前手翻转体180°加直体后空翻和前手翻直体前空翻转体540°两个高难度动作，后来这两个动作还被国际体操联合会列入《国际体操男子评分规则》，其中前手翻直体前空翻转体540°还被命名为'楼云跳'。而到了1988年，大家对中国体育代表团的期望，一下往上升了。结果跟预期的完全不一样是吗？"

楼云从一脸自豪变为一脸凝重，他深吸了一口烟，迅速地吐了出去，仿佛是当年郁结的一股气。

　　我追问："当时整个中国体操队的状态，特别是李宁的失利对您有什么影响吗？"

　　楼云答："其实不单是李宁失利，除了我正常一些，体操队其他几个队员都会莫名其妙出现一些失误。整个比赛我们都一塌糊涂。汉城奥运会的时候，对手的情况我们不清楚，到了实际比赛的时候，我们看到对手的水平比我们想象的要强很多，结果我们没比赛，心态就已经输了。"

　　"前几天看您 1988 年汉城奥运会体操比赛录像的时候，发现您第一次跳马的时候落地没站稳，第二次跳的时候落地就非常稳。哪怕是 30 多年后再看比赛录像，还是会让我看得心都快要跳出来了。"

　　"其实当时整个团队好像就寄希望于我拿金牌，其他体操类的比赛都没什么希望了。我的心态倒是挺好的，压力大但还顶得住。第二次跳马的时候，你们看我是稳稳地落地了，其实那时候我的小腿是抽筋的。

　　"那个年代的体育赛事的观众不像现在的观众那么大度。当时我们去参加奥运会，很多体育迷已经给我们算好要拿多少块金牌了，比如李宁要拿两块，楼云要拿一块，等等，所以当我们失利而归，就会有很多负面的反馈。整个体操队收到的信件里有上吊绳、卫生纸等等，信里说我们给中国丢脸了。我们当时看了以后，没有一点生气。但我们会在宿舍里抱头痛哭，感觉确实是给中国丢人了，拿了唯一金牌的我都被这种气氛感染了。"

　　"1988 年蝉联奥运冠军之后，您怎么会选择退役？"

　　"其实我当时一直很犹豫，从我的身体状况和技术水平来看，我完全可以再练 4 年。但整个体操队的士气实在是太低落了，我们回来以后没有一个人进体操房了，为什么呢？原来体操是带给我们快乐的东西，给予了我们精神力量，但这一阶段天天看到这些信件，我相信谁也不想再去碰体操了。之后李宁他们就退役了。我们这个集体很团结，一起参加比赛有七八年了，伙伴都走了，我想就我一个人留在体操队的话，太孤单了。加上有些朋友在旁边游说我，建议我见好就收，于是我选择了退役。"

天高地厚如云飘，脚踏实地盖高楼

楼云退役后先是被安排在浙江省体委（现为浙江省体育局）工作。

"那您就去体委上班了吗？"我忍不住问。

楼云说："我没去体委上班，我去了广东的阿迪达斯中国总代理公司，这家公司之前一直希望我能加盟。我记得一开始公司给我的职务是总经理助理，总经理要求我不用管生产，也不用管销售，就管阿迪达斯在中国的宣传工作。"

"那您为他们公司宣传过什么？"我的好奇心又被勾起来了。

"我的宣传工作很简单。"楼云轻松地对我说，"比如说 1990 年亚运会，我们当时在亚运村要做一些广告牌，开出的最低价是每平方米 118 美元（折合人民币约 564 元）。总经理要求我把做广告牌的价格压下来，而且要选最好的位置。我想这个简单，就找到了当时新华国际市场开发公司的董事长李伟。我给了他名片，说：'我这次来想找你做广告牌。'李伟问：'你要哪几块？'我说：'就你门口最好的两块，我要一块。'李伟对我说：'这块不太好拿。'我当时说总经理交代过一定要这块。当时李伟沉思良久说，觉得我为国家争过光，他们就给我这块，价格为每平方米 160 元。他还说这个价格，谁来他都没给过。我一听觉得非常高兴。"

"现在回头想一下，那时工作上的轻松是因为您有经商头脑，还是因为您是奥运冠军，名人效应起了作用？"

"现在想想，那时工作上的轻松完全是因为我是奥运冠军，那时候大家的想法就是'奥运冠军是为国争过光的，我只要能帮肯定帮他们，我帮了他们，也等于说在以另外一种方式回报国家'。因此，我请合作方帮忙办什么事情，几乎不会遇到什么障碍，就感觉经商很容易。当时我在上海办一个订货会，一打电话全国的经销商几乎全来了。整个订货会的成本可能只有不到 10 万元，结果收到的订单金额达到了 2000 万元，对我而言，简简单单就可以把事情做好。"

"其实那是一种荣耀带来的便利，您从什么时候觉察到失去这种便利了呢？"

"就是我自己想要做楼云品牌的时候。当时我觉得做生意的渠道都有了，宣传我会做了，也知道程序了，好像是万事俱备了。于是我把自己参加体操比赛获得的所有奖金都投进去了，结果赔得一塌糊涂，200多万元都赔光了。"

在生意场上失意的楼云带全家人去了美国。楼云在美国一边读书一边当教练。在异国的这段时间里，他有了很多新的思考。他说："在美国，我回顾了自己经商的整个过程，感觉我没把自己的位置摆正，还是把自己当成奥运冠军。5 年以后我决定回到北京，重新开始。我心里还是不服输，就有意识地去跟一些北京的朋友联系。1999 年，一位朋友联系到我，问我有没有兴趣和他一起做一个运动主题社区的房地产项目，我问他我能做什么，他说我做什么都可以，于是我提出想从底层一点点做起。我问他为什么会选择我？他对我说了两点理由，一是我可以做运动主题社区的形象大使，二是我在美国生活多年，看了许多好的运动社区，可以引进一些先进的社区理念。他的第二个理由提醒了我，于是我回来和他一起做荣丰家园这个房地产项目。我从底层开始做，跑工地，跟着工程师傅一起解决供电供水等基础性问题，忘记自己的冠军身份，一点点学，一点点做。在北京申奥期间，在还不知道北京是否能成功申办 2008 年奥运会的前提下，我就大胆地提出把房地产项目的名称改成‘荣丰 2008’，最终我们这个项目一炮打响。"看着楼云眉飞色舞的样子，我也为他的成功转型而感到高兴。

楼云后来涉足体育产业，还以自己的风格做赛事，做培训。值得一提的是，他把 2008 年奥运会中的 380 名啦啦队队员的选拔也用市场化的思路来运作，到全国大专院校进行选拔，让更多的青少年能有机会参与奥运会。最后主办方选拔出 380 名服务奥运会的啦啦队队员。后来在 2008 年北京奥运会上，啦啦队的表演非常成功。在楼云看来，现在的体育事业除了在赛场上的比拼之外，还承载着推动经济建设、促进科技进步和提高国民的幸福感的功能。"体育的作用将会越来越大，这么多年了，我也想回到中国的体育事业中来，想做点力所能及的事情，让更多人享受体育的乐趣。"楼云说。

"这样的成功转型是不是让您找回了一点自信？"

"其实我这个人一直还比较自信，但是成功转型让我找到了商业上的窍门，也让我找到了自己的定位。我把自己定位为：第一，我是一个离不开体育的人；第二，我不是李宁这种类型的人才，他可以独当一面，一个人创立一个品牌，而我适合跟人合作，我的优势非常明显，我的短板也非常明显。如果我有一个好的团队来做一件事情，我认为是会做成的。"这时，楼云露出了阳光般自信的笑容。

时间差不多了，楼云要赶去参加下一个活动了。他站起来认真地穿好西装，认真地扣好扣子，认真地拍了拍衣服，认真地和我握手告别。
我望着他矫健的身影，祝福的目光追随了很远很远。

专访于 2019 年 4 月

小璇向天仰射云，奥运女将第一人
——专访中国第一位女性奥运冠军吴小璇

人物名片：吴小璇，浙江杭州人。1974 年入选浙江省射击队；1979 年在第四届全运会上以 386 环的成绩打破女子气步枪全国纪录；1982 年在第九届亚运会上获女子气步枪冠军并创亚洲纪录；1984 年，在美国洛杉矶举办的第 23 届奥运会上获得女子小口径标准步枪冠军；1991 年，赴美国南加利福尼亚大学留学，毕业后留在洛杉矶工作并定居当地。

当知道吴小璇将从美国回来时，我激动了好几个晚上，因为吴小璇是中国第一位女性奥运冠军。见到吴小璇本人时，我眼前一亮，面前是一位典型的江南女子，皮肤白皙，身材纤细，两弯柳叶眉，一双玲珑眼，比照片还要多些灵气，举手投足间都是诗情画意。我和吴小璇一起坐在游船上。"早上我先生还说听到了几声青蛙叫呢。"她带着江南女子特有的恬静和安宁说道。这位中华人民共和国第一位女性奥运冠军、浙江省第一位奥运冠军有着一双清澈灵透、黑白分明的水眸，灵动的眼神难掩她坚韧的个性，脸上散发出动人的平和与睿智。当我们聊起吴小璇的辉煌岁月时，她显得平静而淡然。正如她所说，人会在不同时段做不同

吴小璇（左）和本书作者（右）

的事，于她而言，就是打好枪，读好书，过好自己的生活。

立志欲坚不欲锐，成功在久不在速

吴小璇和射击结缘，纯属偶然。她说："那时邻居问我想不想去学射击，条件很简单，只需要'视力好、眼睛大、身材匀称'。我一想，自己全符合呀，然后就去射击俱乐部体验了一次。当时有一位教练在那里，问我愿不愿意留下来训练。我回答愿意。就这样，我以非常偶然的机会接触了射击，没想到自己竟然走了这么远。"

"当时有想过今后会走上职业道路吗？"

"那倒没有，当时没想这么远，一开始纯粹是一种爱好。"

"那么后来是边读书边训练还是以训练为主？"

"开始是业余训练，每天放学以后去射击场训练，周日就全天训练。"

"您是怎么以一个业余训练者的身份进入国家队的呢？"

"第一次去射击场进行训练是在1973年8月19日这一天，我记得非常清楚。训练了一段时间以后，我的成绩比较突出。我真正进入射击队训练是在1974年4月26日，那天起我成为浙江省射击队的一员，就开始进行专业训练，开始去参加比赛了。"

"有没有觉得自己坚持不下去的时候？"我提问。

吴小璇侧头回忆了一下，说："是有的。我的个子比较小，训练用的气步枪有大约5公斤重，这样每天都做固定的一个姿势，腰部要承受很大的力量。所以到了1976年，我的脊椎就出现了问题。我的腰部非常痛，到了晚上不能一直躺着睡觉，睡一段时间就要起来活动活动，看电影根本就坐不住，20分钟左右我就要起来站一站，不能久站又不能久坐，概括来说，就是'坐立难安'。所以那个时候我犹豫彷徨过，考虑要不要坚持下去，那个时候我是比较痛苦的。"

"那是怎样一种力量让您坚持下去了？"

"应该说当时爸爸对我的帮助非常大。当时我想将自己的射击项目改为气手枪，因为气手枪的重量大概只有 1 公斤，比步枪轻很多，我的腰部可以不必承受那么大的力量。但是我又不甘心。在我犹豫不决、痛苦彷徨的时候，爸爸帮我分析：放弃步枪改练手枪，就等于把我之前的优势全部放弃重新开始。所以我还是坚持下来。我的身子比较单薄，体质很弱。当时有很多人觉得我练不出成绩来，因为人家觉得射击运动员身材要高大，体质要好，但是我没有这方面的优势。应该说，我之所以能取得成绩，是因为我的毅力和坚忍不拔的精神弥补了身体方面的不足。说来我其实是一个比较倔强的人，我认定要做的事，一定会很认真地做，会坚持做，并且要求自己一定要做好。"

千淘万漉虽辛苦，吹尽狂沙始到金

"好在您坚持下来了，从全运会走到亚运会，并一路走到奥运会。说到奥运会，1984 年洛杉矶奥运会第一次设立了女子射击项目。其实当时运动员代表中国走向国际赛场，跟现在大家通过视频直播看到的中国代表团去参加奥运会的感觉是不太一样的，对不对？"

吴小璇的目光仿佛倒回到 30 多年前："那当然。当时我们作为中国体育代表团的一员，对自己的实力不能说是有十足的把握，当时的通信技术不像现在这么发达，我们对国外选手的实力知之甚少。中国现在可是体育大国、体育强国，我们那时候与现在相比，实在是差得太远了。"

面对着如母亲一般的吴小璇，我的敬意油然而生："我是不是可以这么理解，当时去参加比赛的时候，我们对对手没有了解，对手对我们也一无所知？"

小璇温婉地点了点头，说："我们当时就是这样。尽管如此，我们还是想要获得奥运会金牌。就我自己而言，我的运动生涯是一步一步往上走的，从全运会到亚运会，再到奥运会，既然我能有机会参加奥运会，那么我一定是想获得奥运会金牌的。"

"那么射击队里有没有这样的目标和任务？"

"当时射击队希望我在女子 10 米气步枪项目上夺冠。"

"但在女子 10 米气步枪项目上，您并没有拿到金牌，可能很多人知道您拿到了当年奥运会射击项目的金牌，但是并不知道您在拿到这块金牌之前，还拿到了女子 10 米气步枪项目的铜牌。您当时有什么样的感受？"

"我觉得很失望，我原本非常希望在这个项目上发挥好，但我确实是太紧张了，确实太想拿这块金牌了。可能因为自己给自己的压力太大了，再加上腰伤影响，所以在赛场上有一些失误。那一天的赛场上，有 1 发子弹我举了 7 次枪都打不出去，就是因为我太想打 10 环了，实际上我的体力都已经支撑不住了。这场比赛没有打好，我自己心里也是很难过的，然后进行了一些调整。"

"女子 10 米气步枪是您的主项，女子小口径步枪（3×20）其实是您的一个副项，对吧？"

"对，女子 10 米气步枪赛后我调整心态，跟自己说，后面是我的副项，可以没有压力地放开去打。其实我是暗暗下定决心的，第二个项目我一定要拼的，看看能不能拿到金牌。中间还有一个关于我先生——浙江省射击队教练唐克令的插曲。当时他在杭州，所以很多记者跑到古荡射击场去采访他，他居然说吴小璇下一个项目一定会拿奥运冠军。他

'口出狂言'也许是出于对我的了解。正是由于我不服输的倔强个性，主项失利反而激发了我的斗志。"

"当时的通信技术还没有现在这么发达，您在女子 10 米气步枪的项目上拿铜牌和在女子小口径步枪（3×20）项目上获得金牌，您先生在杭州'第一时间'知道这一消息，两者还是隔了一段时间吧？"

"他应该算是'第一时间'就知道了，是通过央视《新闻联播》和体育局的渠道知道的。"

"女子小口径步枪（3×20）项目的卧射和立射好像也没有发挥好？"

"在前面没有发挥好的状况之下，其实最终成绩就靠跪射了，我在比赛中完全专注于自己，甚至可以说是封闭自己，靠着顽强的毅力一枪枪拼下来了。"

宠辱不惊，静观花开

"您成为中国第一位女性奥运冠军，浙江省第一位奥运冠军，取得了这样的成绩之后，对您而言，有些什么样的变化？"

"在奥运会刚刚结束的时候，冠军的成绩带给我很多快乐，因为成为奥运冠军是我梦寐以求的！上了最高的领奖台，实现了自己的人生目标，这是非常快乐的事情。"

"那么这对您还有其他方面的影响吗？"

"成为奥运冠军之后，我的身体仍旧不太好，心脏出了问题，所以我休息了一段时间，之后我还是继续去训练。我觉得奥运冠军的头衔和荣誉给予我的除了快乐，还有束缚和压力，因为大家觉得你都是奥运冠军了，所以就会对你有很高的期望，每次比赛都希望你拿冠军，但这是不可能的。还有你的一言一行，都要符合人们对你的期待，这让我觉得很累。"吴小璇黯然了，她的大眼睛里闪过一丝惆怅，鹅蛋脸上流露出一丝伤感。

"后来您出于身体的原因退役了，退役后您一开始在体育系统做一些行政管理方面的工作，后来您为什么选择出国留学？"

"我退役后在体育局做了副处长，但是我觉得这不是我想要的生活。"

"是周围的人给您带来的压力吗？"

"也不全是，更重要的是自从成为专业运动员之后，我就放弃了学业，所以出国留学也是圆一个读书梦。之所以选择去洛杉矶，是因为我对这座城市有一份非常特殊的情感，在洛杉矶我圆了奥运冠军梦。另外，我也希望在一个新的城市里边学习边生活，做一个普通人。"

"出去之后，一切都顺利吗？"

"当时我感觉举目无亲，要面对很多现实问题。这和在国内完全不一样。但是我想人会在不同的时段做一些不同的事情，既然我能打好枪，那么也能做好别的事情。所以我就这样坚持下来了。"吴小璇凭着一股不服输的劲顺利念完大学，并融入当地的生活。

玉壶存冰心，寄望后来者

"2008年北京奥运会的时候，您作为杭州最后一棒火炬手跑进了黄龙体育中心，您当时是怎样一种感受？"

"当时我真的非常兴奋和激动，不亚于我在1984年奥运会上拿冠军的时候。我们国家可以承办奥运会了，这让我有一种自豪感。"

"2008年是出于什么缘由您回来担任了杭州市射击学校的名誉校长？"

　　"记得在 2008 年奥运会火炬传递活动结束后，杭州市体育局的赵副局长的一句话点醒了我。他说：'小璇，你看祖国发展那么快，你在外面闯荡了那么多年，现在正是你回来报效祖国的时候了！'这句话真的深深地触动了我。2008 年，我正好 50 岁，当时我就想：'我现在已经 50 岁了，如果我现在不回国去尽一点绵薄之力的话，那么等我年纪大了，也许会后悔的。'于是我回到杭州来，担任了杭州市射击学校的名誉校长。"

　　"我知道您担任了好多年的名誉校长，对吧？"

　　"有 5 年多。在这个过程中，我没有仅仅挂个名。"吴小璇灵动的大眼睛闪烁着，显得很认真。

　　"我知道您在担任名誉校长的过程中，与练习射击的孩子们进行了交流，应该说对他们的成长帮助还是很大的。"

　　"其实我很喜欢待在射击场上。应该说只要有训练，我基本上都会去射击场上看。我跟孩子们沟通起来没有障碍，他们很喜欢我，我也非常喜欢他们。尤其是在交流一些射击训练的心得的时候，我可以用简单的语言跟他们讲，他们很快就能理解，所以孩子们都非常愿意跟我交流。"

　　"我觉得您是一个很有亲和力的人，一双大眼睛会说话，孩子们确实会很喜欢您。在您这 5 年多的名誉校长的工作中，我想听听您对于孩子们的评价。"

　　"应该说很多孩子都有射击方面的潜力。其中比较优秀的一个是邱烨晗，她现在在清华大学，当时我来的时候她已经在进行射击训练了。这个孩子读书成绩非常好，而且在射击方面也有天赋。当时孩子的父母想让她放弃射击专注学业，孩子自己也很犹豫。因为练射击并不能很快出成绩，所以她爸爸着急了。她爸爸给了她 3 天时间考虑，她就哭着跑过来找我。然后我就问她："如果今天你放弃了，若干年之后你会不会后悔？如果说你会后悔，那我劝你不要放弃。"听了我的话，她没有放弃，坚持下来了。这个孩子后来在浙江省运动会上连夺 3 金，最后进入清华大学经济管理学院学习。现在她是非常好的学生，又是非常好的运动员。我觉得这样的成长历程虽然可能跟普通的孩子不太一样，但对她个人而言，这段时间的成长经历，肯定是终生受用的，对吧？"

我狠狠地点了点头。

感情依旧在，几度夕阳红

"您现在回忆起来，在运动员的职业生涯当中，有哪些地方令您终身受益？"

"射击训练让我感悟到了人不管做什么事情，一定要坚持。其实我训练那么多年，过程不是一帆风顺的，都是从失败中吸取教训，从教训中积累经验，这样反反复复地磨炼自己，才能让自己的内心由弱变强。射击还教会了我很多，比如，要用坚强的意志看淡一时的成败。"

"现在您在美国生活，平时还会不会去练习射击？"

"在美国时比较少去，但是回来的 5 年多中，我会去练习射击。现在'老眼昏花'，所以要打得准也是很难的，只是过过瘾而已。"

吴小璇悄声说，她最近握不了太细的笔，因为腱鞘炎犯了："已经疼了好几个月了，这也算是职业病吧。"

尽管射击运动带给她很多伤痛，但射击是吴小璇一生的挚爱，无论离开多久，她对射击的感情都依旧在。

"您的孩子有没有继承您的衣钵？"

"他喜欢篮球，但好像没什么运动天赋，就把篮球当作一种兴趣爱好，享受运动的快乐。"

吴小璇很喜欢自己现在的生活。她现在上有 93 岁的母亲，下有可爱的孙子、孙女，尽享天伦之乐。她说："我喜欢安静的生活，而洛杉矶的气候特别适合我。"

"您觉得家乡的变化怎么样？"

"家乡的变化实在是太大了。2017 年我回来过一次，几年后再回来就找不到路了。"

"您对浙江体育界的后辈有什么寄语吗？"

"我希望浙江体育健儿能勤学苦练，勇攀高峰，为祖国争得荣誉。"

和吴小璇告别时，我们好好地拥抱了一下，她浅浅的微笑，就像淡淡花香在西溪湿地里随风飘荡。

专访于 2019 年 4 月

吕林竖握乒乓拍，九二振翅红旗扬
——专访乒乓球男子双打奥运冠军吕林

人物名片：吕林，浙江台州人，中国男子乒乓球运动员，1987 年进入国家队，1992 年巴塞罗那奥运会上与王涛搭档，获得乒乓球男子双打金牌。曾任浙江省体育局副局长，现任浙江省残疾人联合会副理事长。

乒乓球作为国球，让数亿中国人为它欢喜为它忧。在中国，乒乓球爱好者比比皆是，只要有一张乒乓球桌，就可以看到一群打球的人。乒乓球在中国有很多传奇故事，涌现了许多话题人物，吕林也是其中一位。

我遇到乒乓球奥运冠军吕林的时候，是在春天的一个下午。吕林长得眉清目秀，笑起来宛若一池春水泛起涟漪，淡淡的，却又不乏暖意。我们坐下来，聊了起来。

博观而约取，厚积而薄发

"我是浙江台州人，父母都是乡村小学的老师，家里还有一个姐姐和一个弟弟。那时候我还没上学，就跟着父母在学校里生活。由于条件限制，乡村小学的体育设施非常少，但是每个学校里都有乒乓球桌。当

吕林（左）和本书作者（右）

然那时候的乒乓球桌可不像现在这么专业，用水泥砌一个长方形桌子，中间拿几块砖头一放，就是乒乓球桌了。我们小时候没什么玩的东西，就觉得乒乓球还挺新鲜的。于是我经常会自己玩乒乓球，我爸爸见我对乒乓球特别感兴趣，就为我买了一块球拍，这成了我爱不释手的玩具。爸爸有意识地把我往这方面引导，学校没有专门教乒乓球的老师，爸爸就从城里一个教乒乓球的老师那里借了一本乒乓球基础教程之类的书，然后把厚厚的一本书全部抄下来，以此教我入门。"

"您的父亲好用心哦，还手抄书本来教您。"

"是的，当时又没有什么复印机，现在回想起来还是挺感谢爸爸对我的关爱的。我离家比较早，刚满 6 岁就离开家人，开始了边打球边学习的生活。因为交通不发达，没有公共汽车，每次从家到学校要坐三四个小时的船，所以父母半年才来看望我一次。作为一个孩子，难免会想念自己的父母。"

"在这样小小年纪就离家的情况下，您遇到过什么困难吗？"

"其实我们家条件不好，所以很多时候我是光着脚训练的。到了冬天，我的双手会裂口子，因为天冷而生满冻疮。"

听到吕林形容当时的艰苦条件，我觉得很是揪心。

"这些都没什么，因为我喜欢乒乓球，所以这些都是能够克服的。"

我重重地点点头，确实只有经历艰苦环境的磨炼，人才会有顽强的意志。

"那时候有没有在生活上遇到什么困难？"

"困难倒都是能克服的，其中有一件事让我印象很深。那时因为年纪小，总会有些贪玩。有一年冬天，下了一场雪。小孩子看到下雪都会很兴奋，于是我玩性大发，玩到很晚才回学校，结果发现自己连晚饭都忘了蒸。当时不像现在，吃的饭都是自己淘米、蒸熟的，所以我就饿了一晚上。也是从那件事情开始，我对自己说：'什么时间干什么事情必须很明确，否则就有可能造成很多不可估量的损失。'"

"您什么时候到浙江省青少年业余体育学校的？"

"我在温岭市青少年业余体育运动学校训练2年后，来到浙江省青少年业余体育学校开始接受更为正规和专业的训练。我很感谢在温岭市青少年业余体育运动学校的2年，日后我的生活习惯、做事方式都是从那个时候磨炼出来的。这2年的经历，让我一辈子都受益匪浅。我在1988年进入国家一队，那时我感觉离拿世界冠军为国争光的目标越来越近了。"此时的吕林语速慢而语气温和，从里到外透出坚定的力量。

赋得一首《西江月》，献与祖国八月桂

时隔28年，吕林再次回忆起1992年的那个夏天："我想，在奥运赛场夺冠那一刻是我人生中最光荣的时刻了吧。1992年巴塞罗那奥运会上，我和王涛勇夺乒乓球男子双打冠军，实属不易。那次我和王涛配合，确实打到了一种非常高的境界。虽然我们两人在当时已经是一对黄金搭档，但在出征巴塞罗那之前，当时的国家体委并没有给正处在低谷中的中国男子乒乓球队布置夺金任务。"

"为什么会这样？"

"因为在1989年和1991年的世界乒乓球锦标赛上，中国男子乒乓球队都与金牌无缘，当时正处在困难时期。"

"那你们自己有夺金的梦想吗？"

吕林的声音一下提高了，说："那自然有，那是每一个运动员的梦想。我和王涛一路拼杀闯入决赛，让很多人看到了中国乒乓球男子双打

夺冠的希望。但决赛开始前，还是有意外发生了。"

"啊，什么意外？"正在速记的我，紧张地停下了笔，抬起了头。

"决赛那天，为了尽快适应决赛场地，我们想早早赶到赛场。可是奥运村的班车一直没有到。最后我们打车加狂奔赶到了赛场，距离决赛开始还剩下半个小时了。现在想来，我还心有余悸。"

我听到吕林说赶上了比赛，于是松了一口气。所幸，这意外的"插曲"并没有影响决赛的进程。

"但'客场劣势'也给我们制造了不少麻烦。当时决赛的场馆很小，观众也就 2000 来人，因为德国离西班牙很近，从德国赶过来很多球迷为对手加油。中国队这边就 10 来个留学生。观众起哄的声音特别大，给我们两个带来了特别大的压力。"吕林好似回到了 28 年前，脸色依然紧张，"但是不管怎么说，那天赛况还是非常紧张的。当时的比赛规则跟现在有区别，当时还是五局三胜制，每一局先得到 21 分的一方获胜。我俩刚开始打的时候，手都是抖的。第一局我们落后了，比分是 15 ： 20。"

"这样你们不是心理压力更大吗？"

"是的，但是经过一段时间的比赛，我们反而平静下来了。经过 5 局苦战，最终我们两人以 3 ： 2 险胜德国名将罗斯科普夫和费茨纳尔。获胜以后，我们的脑中一片空白，领奖时我们俩才稍微清醒点。我们在平时的训练中已经把几乎全部困难都预想到了，为了不被主场观众的声音干扰，我们平时训练都会把收音机的声音开到最大。虽然当时赶时间到达赛场，有些紧张，导致我们进入状态有点慢，但是最终我们还是拿到了金牌。真的是一路过关斩将，每一步都如履薄冰。我这一生最光荣的时刻，就是站在奥运会的最高领奖台上，看着五星红旗冉冉升起。"

即使过去了快 30 年，吕林依然能清晰地记起那激动人心的场景，他的眼角还是有些湿润。这枚金牌，是中国男子乒乓球队在第 25 届奥运会上取得的唯一一枚金牌，它给了正处于低谷期的中国男子乒乓球队勇气，可以说吕林和王涛引领中国男子乒乓球走出了黑暗。这枚金牌，也让外界重新认识了低调内敛的浙江小伙吕林。

吕林向我展示了他在 20 世纪 90 年代用过的球拍。"我用的球拍和一般的乒乓球拍有所不同，这种拍子日本人和韩国人用得比较多，中国的运动员用圆形的球拍比较多一点。"

"我看到球拍的背面上半部有一个个坑。这是什么？"

"这个是因为我们在握拍的时候在后面的手指都是顶在这里，以此固定拍子，力量才能够充分地发挥出来，所以手指的力量会把球拍顶出一个个坑。"

"练多长时间才会出现这种坑呢？"

"我们当年的赛前训练时间是不到 1 个月，但训练强度还是相当大的，技术训练一天有 6 个小时左右，然后还有体能训练，到了晚上还有一些心理训练，每天的时间排得非常满。每天从一睁开眼到睡觉之前基本上都在训练，我觉得每一个运动员在任何一个领域，想成为奥运冠军，走到顶峰，都必须尽自己的全部来付出，只有这样他才有可能实现自己的梦想。其实一个运动员成为奥运冠军要具备的条件很多，有心理条件、技术条件和身体条件，还要有一些运气，但我认为到了最关键的时候，尤其像乒乓球这个项目，心理素质是最重要的。永不言败的精神和在任何时候碰到任何困难都相信自己能够克服的信念，这些比技术条件、身体条件更重要。良好的心理素质不是一天两天就能形成的，而需要长年积累，看上去一个运动员拿奥运冠军是几场比赛的事情，但他平时需要付出很多。"听着吕林的一席话,我感受到确实这一秒不放弃,下一秒就有希望。正确的坚持是一把打开成功之门的钥匙。

苟利国家,不求富贵

"您参加了两届奥运会,在 1996 年亚特兰大奥运会上拿了银牌,您有遗憾吗?"

"我第一次参加奥运会的感觉是非常好的。1996 年第二次参加奥运会,我和王涛在最后的决赛上输给了刘国梁和孔令辉,那一届比赛打完以后我们也就基本上不代表中国男子乒乓球队参加世界级的大赛了。当时的很多媒体,包括我的一些朋友都会问我有没有遗憾。我觉得遗憾肯定是有的,但是代表中国男子乒乓球队来参加这个比赛,我们还是非常圆满地完成了任务,没有输给外国选手,所以这两次参加奥运会都给我留下了非常深刻的印象。"

看着吕林坦然的样子,我觉得他拥有宽广的胸怀和浓浓的爱国情怀。

"您在第二次参加奥运会后就选择了退役,对吗?"

"1996 年奥运会结束以后,我基本上就决定留在国家队当教练了。说句实话,我特别喜欢乒乓球这项运动,不能当运动员以后,我觉得对我而言最好的选择就是当教练。当时我先由中国乒乓球协会公派到日本广岛的一家俱乐部里面待了 1 年多。到 1998 年 10 月,国家乒乓球队总教练蔡振华给我打了个电话,说:'回来吧,队里缺一个教练。'我当时在跟俱乐部签第二年合同的时候,跟他们有个条款约定,说我可以随时结束合同回到中国。所以接到这个电话以后一个星期,我就到国家队报到了。"

"日本方面给的待遇应该比中国高吧?您回来的时候一点都没有犹

豫吗？"

"还真没有犹豫。在日本虽然收入比较高，条件也很好，但是总觉得缺点什么，应该是国内赛场热烈的欢呼声，还有让人热血沸腾的国歌旋律。而且我在中国乒乓球队里面待了很多年，对这个集体有着深厚的感情，没有中国乒乓球队，也就没有我当时的成绩。所以当这个集体需要我的时候，我就义无反顾地回来了。这些年，我有无数的机会出国打球或者当教练，我都放弃了。"

"向您致敬！"我觉得吕林是一个心怀感恩的人。

"中国乒乓球队是一个光荣的集体，在这个集体里我受到的教育就是，国家荣誉高于一切。"吕林语气依然笃定，"直到现在我依然是这么觉得，只要国家和集体需要我，任何时候我都不会缺席。"

2006年1月，吕林回浙江任职。"在外闯荡了这么多年，觉得是时候为家乡的体育事业做一些贡献了，做这个决定对我来说其实并不困难。"这些年来，吕林不曾忘记初心，为浙江的体育事业无私奉献。告别运动员、教练员生涯，走上管理岗位，吕林经历了很多挑战。

"2006年1月，我回到新成立的浙江体育职业技术学院下面的小球系，也叫小球运动管理中心担任主任，从那个时候开始，我就走上了管理的岗位。每一次角色的转换我都觉得有困难，而且是很大的困难。做运动员的时候，生活是很单一、很纯粹的，就是要专心提高成绩，心无旁骛。而做管理者考虑的范围就要广得多，这样才能把工作做好。但是优秀运动员出身的管理者，一定都会具备一个优良的品质，就是做事非常认真。因为做运动员的时候，一定要非常专注，要牺牲很多日常的乐趣，才能够取得优秀的成绩。所以他们退役后从事别的工作时，也依然会具备这种执着的精神。我也不例外。

"浙江竞技体育事业这几年的进步还是比较明显的，在 2017 年的全运会当中，我们的金牌总数位列排行榜第二名，我们的奖牌总数和总分排在第三名，实现了浙江竞技体育历史性的突破。这些成绩的取得是体育局历任领导、教练员、运动员共同努力的结果，经过长期的积累，才会有我们今天这么好的成绩。这几年浙江涌现了一大批优秀的年轻运动员，如叶诗文、石智勇等等。在冬季奥运会上，我想我们的底线是确保有金牌。"

吕林和很多浙江体育人一样，有着一份近乎偏执的坚持，那就是把"浙江届届奥运会有金牌"的光荣传统延续下去："浙江体育能有今天的成绩，是一代又一代人共同努力的成果。这是一种伟大的传承。我希望我们能发挥激励后辈的作用，让他们在奥运会上，都能坚定信念，更具斗志。2022 年亚运会在杭州举办，这是目前浙江举办的最高规格的体育赛事。相信举办亚运会一定会让杭州变得更加美好。"

"您对现在打乒乓球的孩子有没有一些建议？"

"乒乓球是比较艰苦的一项运动，但其实任何一项运动，要做到世界顶级都是很辛苦的。我想任何一位从事乒乓球运动或其他运动的人，都要做好面对这种艰苦的准备，只有这样才有可能成功。"

每一枚奥运金牌背后都有很多故事，那些难以忘怀的记忆和刻骨铭心的时刻都会给运动员非常宝贵的财富。我和吕林告别，看着他那温和而又坚定的目光，我想路是脚踏出来的，历史是人写出来的，人的每一步行动都在书写自己的历史。

专访于 2019 年 4 月

力拔千钧气盖世，举重若轻如烹茶
——专访举重奥运冠军占旭刚

人物名片：占旭刚，浙江衢州人。1994 年 1 月入选国家队。1996 年亚特兰大奥运会上，获得男子举重 70 公斤级冠军，并连破抓举、挺举和总成绩世界纪录；2000 年悉尼奥运会上，获得男子举重 77 公斤级冠军，是中国男子举重蝉联奥运冠军的第一人。

6 月是杭州荷花盛开的时节，我如约来到占旭刚所在的单位——浙江体育职业技术学院。举重是我喜欢的体育项目之一，我在大脑中想起占旭刚举重时候的样子：肌肉绷紧，双臂伸展，蓄势待发，分明透着一种力量与美。我还记得占旭刚冲天一啸夺得举重金牌时的样子：他激动不已，跪地叩首，还亲吻杠铃……不知道现在占旭刚怎么样了，还是会把眼睛瞪得像铜铃一样大吗？行政楼里一片寂静。我敲开占旭刚办公室的门之后，看到他眼睛明亮，身形清瘦，英俊的脸上神情略显冷峻……我不禁脱口而出："占院长，您一点也没胖啊。我还以为您停止训练后会胖了呢。"占旭刚有点腼腆地笑了笑，标志性的两撇小胡子也随着笑容舒展开了。他转身给我泡了一杯绿茶，说："今天是休息日，你这么远赶过来，辛苦啦。快喝点水。"于是在占旭刚的办公室，我对他进行

占旭刚（右）和本书作者（左）

了专访。

千磨万击还坚劲，任尔东西南北风

衢州是个神奇的地方，她哺育了灵秀动人的周迅，也哺育了刚强稳健的占旭刚。占旭刚出生在衢州市开化县的大山深处。小时候的占旭刚学习成绩不错，还是个"飞毛腿"，上学后他总是包揽学校50米和100米短跑项目的冠军。如果不是当时开化县体育运动委员会一个名叫朱云儿的人，或许占旭刚的人生和其他山里的孩子并无二致。朱云儿看出当时只有10岁的占旭刚是个好苗子，希望带着他去练举重，而占旭刚的父母根本舍不得他去，觉得练举重太苦又太累。在朱云儿诚恳而持续的劝导下，占家才同意占旭刚走进开化县少年儿童业余体育运动学校，占旭刚由此开始了他的举重生涯。

朱云儿作为占旭刚的启蒙教练，一再向占旭刚传达这样的信念：只要努力，他就能够走出大山；只要努力，他就能拿全运会冠军，甚至可以站上奥运冠军领奖台。其实打动占旭刚的，就是他可以通过努力走出大山，能让自己和父母过得更好。正是有这样的信念支持着占旭刚，进入开化县少年儿童业余体育运动学校后，他就拿出了韧劲，他的年龄最小，训练却最为刻苦。每天早上5点，占旭刚都会准时出现在那座简陋的训练馆里，一丝不苟地重复着枯燥的技术动作。从小就好胜的占旭刚回忆起了当时的一件逸事："我从小就不服输。那时候举办浙江省运动会，我因为年纪小不能参加，和我在一起训练的几个年纪比我大的运动员拿了金牌回来，大家就一起照集体照。照相的每个人几乎都有金牌，几个没有的就借别人的金牌挂挂，就我一个人没挂金牌。他们说借块给我挂一挂，好看点。我当时就说不用借，以后我自己拿！"

宝剑锋从磨砺出，梅花香自苦寒来

机会是留给有准备的人的，那时占旭刚对世界冠军、奥运冠军还没有概念，他心里只有一个目标——到杭州去。1987 年，在开化练了 3 年举重后，13 岁的占旭刚顺利实现了进入浙江省队到杭州去的梦想。刚进浙江省队的时候，占旭刚的举重成绩不是最出挑的，练了快 5 年后，与占旭刚一起入队的队友觉得练下去没有前途，就选择退役找工作去了，也有因伤病退役的，而占旭刚的举重成绩和理想的成绩之间差距还很大。应该怎么办？像其他队友一样退役，还是继续坚持下去？占旭刚陷入了迷茫。占旭刚对牵挂他的父母是报喜不报忧的，于是他写信给朱云儿教练倾诉了他的困惑，朱云儿教练回信鼓励他坚持下去，只有坚持才会有好的结果。

从浙江省队到国家队，对占旭刚而言，要实现这一跨越很艰难。于是，占旭刚做到，别人练时，他加倍练；别人不练时，他仍旧在苦练。终于，这个大山里来的孩子撬起了举重这座大山——1993 年 12 月 16 日，占旭刚参加第七届亚洲青年男子举重锦标赛 70 公斤级比赛，以抓举 145 公斤、挺举 175 公斤和总成绩 320 公斤获 3 项冠军，并被评为"亚洲优秀青年举重运动员"，占旭刚由此得以在 1994 年 1 月进入国家队。

占旭刚把入选国家队的喜悦第一时间分享给了父母和教练，然后他就扛着一张席子、一条毯子、一条大棉被，像农民工一样地进了北京城。进入国家队后，占旭刚频频参加比赛，都获得了优异的成绩，特别是在 1995 年 7 月 5 日，占旭刚在韩国釜山举行的第 27 届亚洲男子举重锦标赛 70 公斤级比赛中，以 153 公斤的成绩打破抓举亚洲纪录，并获冠军；以 188.5 公斤的成绩打破挺举亚洲纪录，并获冠军；以 340 公斤的成绩打破总成绩亚洲纪录，并获冠军。

　　这些成绩让占旭刚正式入选参加奥运会的运动员阵容。对运动员来说，受伤是不可避免的，但最令他们担心的是赛前受伤。1996年1月26日，在北京举行的全国举重精英赛76公斤级比赛中，占旭刚虽然以196公斤的成绩打破挺举全国纪录，但扭伤了腰。严重的腰椎间盘突出使得占旭刚被迫停止训练，躺在宿舍里，到3月都一直没办法训练。这一段时间，每到深夜一两点钟，占旭刚都要起来摸摸自己的腰伤有没有好一点。那时占旭刚想出一个以痛治痛的办法，并且对自己说："人要在逆境中尝试改变，而不要自己先吓倒自己！"凭着一股挑战自我的意志力，占旭刚的腰伤在带伤训练疗法中好转了。令人惊喜的是，在这个过程中，占旭刚的举重成绩还提高了不少。1996年4月6日，占旭刚参加在日本千叶举行的亚洲举重锦标赛男子70公斤级比赛，以抓举160.5公斤的成绩打破世界纪录。

是时天清阴，力气勇奔骤

　　当我问占旭刚，第一次参加奥运会的时候是否紧张，没想到占旭刚当年的心态很好，他说："大家一定认为我会很兴奋，很紧张，说实话，那时候我一点都不紧张，也就是一场比赛，该怎么样还是怎么样，也不知怎的，赛前我睡得特别香。可能是因为我从来没有参加过奥运会，我那时候真是初生牛犊不怕虎。现在想来，面对大赛需要的就是这种平常心，要学会自我控制，这也是现在我跟我的队员们说得最多的一句话。"

　　占旭刚那年参加的是亚特兰大奥运会男子举重70公斤级的比赛。由于他体重74公斤，要降4公斤。从赛前一个多月开始，他就不吃主食了，每天只吃点蔬菜；到赛前一个多星期，他每天就吃点西洋参，喝点水。占旭刚时隔多年再回忆起当时的情形："那会儿连水都不敢喝，甚至刷牙都能省就省，因为一刷牙一漱口，就可能会一不小心喝进水去，当时我饿得连漱口水都想喝。赛前一称，我的体重正好是 70 公斤。当时我最大的对手是朝鲜的金明男，我挺举比较强，金明男抓举比较强。拿举重说，第一把至关重要，第一把成功，第二把、第三把相对好举一点。抓举金明男加到 162.5 公斤，这个重量他平时没举过，他那天很冷静，162.5 公斤轻松地举起来了，观众都觉得不可思议。我挺举有 200 公斤的实力，没想到金明男两把 192 公斤都没挺起来。" 1996 年 7 月 23 日 18 时，随着占旭刚最后试举 195 公斤成功，他以独揽 3 项世界纪录、357.5 公斤的总成绩在亚特兰大奥运会上写下了光辉的一页。放下杠铃后，兴奋异常的占旭刚向全场观众连送 3 个飞吻，这一幕长久地定格在许多人的记忆中。

时至今日，占旭刚还是特别感谢自己的教练和领队，是他们用鼓励和爱的力量拉了占旭刚一把，占旭刚才有机会站到奥运会的冠军领奖台上。占旭刚说，他获胜后的第一个念头，不是向家里报喜，而是想要吃顿饱的。

苦心人，天不负

占旭刚的老家在浙江省衢州市开化县，那是一个风景秀美、气候宜人的地方，最出名的就是龙顶茶。占旭刚喜欢喝茶，在国家队的时候，他经常和队友们围在一起喝工夫茶。边喝茶边聊天，那是他最开心的时刻。说到喝茶，占旭刚又想起了举重："我比赛的时候，对杠铃思考的时间远远超出触摸它的时间。我总会盯着它看，一直看到它没有了重量，直到硕大的杠铃化作一个拇指大的茶盅……"

占旭刚曾对两次奥运夺冠做出如是自我鉴定：如果亚特兰大奥运会的金牌更多是凭借实力拿到的，那么悉尼奥运会的金牌就属于实力和运气共同作用的结果。2000 年 9 月 22 日，悉尼奥运会男子举重 77 公斤级比赛中，连续两次的抓举失败让占旭刚处于一个非常尴尬的位置；当希腊人米特鲁以平世界纪录的成绩完成第三次挺举试举后，他已经开始忘情地庆祝夺冠。可是接下来的情节完全是大反转。所有人都认为，占旭刚不可能举起超越世界纪录 5 公斤的重量，他甚至在训练中都没有举起过 207.5 公斤。占旭刚在比赛时听到当时还是女友的空姐姚健在观众席上为他呐喊助威，激动的占旭刚感觉有了无尽的力量。事后他才知道女友姚健向领导请示，改飞澳大利亚为占旭刚加油。凭着这股神奇的爱情力量，占旭刚将杠铃拉起后又蹲下，比赛最后一把硬生生举起了他从未举过的重量——207.5 公斤，并以 367.5 公斤的总成绩夺得金牌。

至今我还深深记得占旭刚举完大吼的那一幕，那是对奥运精神最好的诠释。放下杠铃的一刹那，占旭刚振臂怒吼，跪下来亲吻杠铃。他的振臂一吼，吼出了赛前的所有隐忍。"我是个非常要强的人，从 70 公斤级转到 77 公斤级，很多圈内人都说占旭刚不行了。平时说我不行的人绝对要比说我行的人多，我暗暗告诉自己一定要争这口气。比完赛以后，所有的酸甜苦辣，都在放下杠铃的一瞬间得到释放！"这惊天一举也确立了占旭刚在举重界不可撼动的地位。哪有什么"洪荒之力"？有的只是天道酬勤！

悲欢不改凌云志，富贵无动报国心

就在所有人都认为占旭刚会在功成名就之际急流勇退时，这个好胜的汉子毅然做出了参加雅典奥运会，冲击"三连冠"的决定。老天捉弄有心人，2004 年的雅典奥运会成为占旭刚一个挥之不去的遗憾，多年以后，占旭刚还是忘不了当年的那一幕。但是占旭刚对我说："我无怨无悔。雅典奥运会对我来说肯定是个遗憾，但这就是竞技体育，我全身心投入了，我不后悔。"难以忘记亚特兰大的欣喜与悉尼的狂欢，这位力拔山兮气盖世的衢州健儿两度登上奥运会的冠军领奖台，升起的五星红旗下泛着三衢大地的荣光；也难以忘记雅典的那个黯淡夏天，而立之年的他冲刺三连冠以失败告终，从此他淡出人们的视野，低调地行走在培养体育人才的道路上，用新的姿态诠释英雄本色。正如他说的那样："无论成败，我都要做英雄。"

走下竞技场，脱下战袍的占旭刚并没有和很多退役队员一样借着余热穿梭在各种商业活动当中，他选择了低调的生活，并淡出人们的视野。无论是担任浙江省重竞技运动管理中心主任的占旭刚，还是在台州市三门县挂职时做到多跑、多听、多看的占旭刚，抑或是现在担任浙江体育职业技术学院院长的占旭刚，他对举重的情怀依旧未变，纵使做了一个管理者，他每天依旧"扎根"在训练室内。他说："我还是那个举重人，这一点，一辈子都不会变。"

除了上班，占旭刚也频频出席公益活动，提倡禁烟、减排、环保等理念。他也参与到一些慈善活动中，用行动号召公众为需要帮助的人献上一份力。另外，占旭刚也偶尔到媒体上客串讲解员，凭借自己优秀的专业水平得到了观众的喜爱。

我离开时，已是华灯初上，在出租车上，我想：提及中国举重的代表人物，依旧非占旭刚莫属。他把自己的青春献给了杠铃，也铸就了自己的辉煌。蝉联两届奥运会冠军，九破世界纪录，这样的人物在中国体育史上也为数不多。占旭刚确是做到了"拔山盖世垂青史，成败进退皆英雄"。

专访于 2018 年 6 月

枝叶扶苏，风禾尽起

——专访女排奥运冠军周苏红

人物名片：周苏红，浙江湖州人，中国女子排球运动员。曾作为中国女排队员，夺得 2004 年雅典奥运会冠军，2008 年北京奥运会季军，2002 年、2006 年、2010 年 3 届亚运会冠军。现任共青团浙江省委员会副书记、党组成员，浙江体育职业技术学院大球系主任。

我和周苏红相约在西溪湿地相见，只见一位修长俏丽、双目澄澈的女生匆匆走进大厅，线条刚毅的鼻梁和嘴，此刻棱角似乎格外分明。"嗨。"她甩了一下头发，很随意地坐了下来。我们就这样坐着聊开了。

有志者，事竟成

"我刚开始练球时，对着墙猛扣球，因为力气大，大家都叫我'大炮'。这个外号一叫就叫到了现在。"周苏红爽朗地笑道，"其实原本的叫法是'江南一大炮'。很少有人知道，在成为女排主力接应二传之前，我是以主攻的身份被招入国家队的。当时因为队伍缺人，临时调整我改打自由人位置，后来再慢慢变成了二传。我刚刚进国家队的时候条件其实并不是很好，我的身高和力量也不是特别突出，所以我当时就想，

周苏红（左）和本书作者（右）

第一个目标就是要先在国家队留下来，第二个目标是成为主力替补，后来这两个目标都实现了，我又通过自己的努力成了主力。"此时的周苏红笑吟吟的，双目犹似一潭清水。

"2001 年、2002 年的时候，中国队在世界女排大奖赛上连续 2 年没有夺冠，你进入国家队之后，也有在低谷期徘徊的一个阶段。2002年釜山亚运会，是不是可以看作一个从低谷反弹的起点？"

"的确。因为我觉得 2001 年我们刚开始集中训练的时候，也是陈忠和教练刚刚召集了我们这批队员的时候，我当时印象特别深，他就留下了一名老队员吴咏梅，其他队员都是新人。当时外界的质疑声非常大，但是我们都是一群初生牛犊不怕虎的人，我们这批队员的心是凝聚在一起的，第一年就拿到了一个冠军，然后拿到了 2002 年亚运会女排比赛的冠军，我觉得我们这一路就是从 2001 年的组队开始慢慢地往上走。"

"其实从 2001 年开始组队到拿到亚运会的冠军，这个过程是不是也可以理解为整个队伍磨合期结束，开始成熟了？"

"是的，因为排球是团队项目，而我们的队员来自全国各个省份，每个人都有自己的个性，所以我们队伍的管理是非常严格的，从管理抓起，整合整个队伍。在这个过程当中我觉得真的挺幸运的，遇到了好的教练，也遇到了好多优秀的队友。我深深体会到有时光凭个人实力未必能够取得好成绩。"

"你刚才说到你们新组成的队伍是从管理抓起的，有没有什么印象特别深的经历能跟我们分享？"

"我们每年年初集中时都会有一周军训，非常严格的，要求大家穿军装。当时球队在郴州集训，分班比赛爬山，大家的竞争非常激烈。一班和二班比赛，大家自由组队，竟然没人选我。我就特别着急，陈忠和教练说：'你爬山不行的。'我说：'我还可以的。'那一次我就憋了一口气，最后我得了第一名，而且把第二名远远甩在后面。这件小事对我能在国家队留下来还起到了一定的作用，因为刚开始我觉得教练是有点看不上我的，但是我通过自己的努力一步一步证明了自己。"

"我想您的这种不服输的精神，教练是非常认可的，对不对？"

"应该是的，我的特点就是非常认真，但是在生活中认真有时也是非常不好的，我的朋友评价我：'你的优点是认真，但你的缺点就是太认真。'在生活中我会特别较真。"爬山这件小事引得陈忠和对周苏红刮目相看，开始重视她了。

千磨万击还坚劲，任尔东西南北风

周苏红继续说："我们回到刚才的话题，2002 年釜山亚运会拿了金牌之后，我觉得中国女排开始向上走了，到 2003 年的时候，中国女排拿了好多比赛的冠军。"

"这个时候是不是特别盼望着 2004 年雅典奥运会的到来，是不是大家都很有信心，也很想到奥运会的赛场上去拼一拼？"

"我进入国家队最大的期望就是能够参加奥运会，然后登上最高的领奖台。其实从 2001 年起我们就已经在期盼奥运会了，这个过程我觉得也是非常艰辛，也许是凭着初生牛犊不怕虎的劲头，我们这支全新的中国女排在 2001 年、2003 年两夺世界女排大奖赛冠军，还夺得了 2002 年亚运会冠军、2003 年女排世界杯冠军，一切都似乎在为 2004 年雅典奥运会做准备，人们对我们的期望也是非常高的。但是我们当时组队的初衷是 2008 年参加北京奥运会，能够在那时候拿金牌。2004 年争取能够拿一块奖牌就行。我们这支新队伍需要一段磨合的时间，可能就是两三年，也可能需要很长的时间去磨合。但没想到这么快，我们在2004年就拿到了金牌。"这段回忆令周苏红的眼睛里有了神采，嘴角似乎也蓄满了笑意，连一举手一投足都渐渐地带上了一种轻快的节奏。

"我记得2004年夺冠的时候，你们是把陈忠和陈指导抛起来了，对不对？"

"这个是自发的行为，没有设计的，因为一开始也没有想过拿冠军，后来夺冠了以后，大家就跑过去把陈指导给抛起来了。"她灿烂一笑，白皙的脸上露出了快乐的红晕。

"其实就与俄罗斯的决赛而言，前面两局输掉之后，当时大家是觉得已经没希望了，还是觉得要拼到最后一口气？"

"其实看那场比赛的人都知道，第一局和第二局我们打得也都挺好的，我们跟俄罗斯的水平应该很接近，双方都发挥出了非常高的水平。我还很清楚地记得比分：28 ： 30 和 25 ： 27。第一局和第二局我们都是输了2分，关键的机会没有抓住。陈指导平常训练的时候是非常严格的，但是他在赛场上是非常大度、非常宽容的一个人。他说我们已经完成任务了，所以大家打得放松一点、开心一点，回去以后我们至少有一块银牌。他当时的一席话对我们整个心态还是起很大的作用的，当时我们的心态其实就是去冲对手的，而对方肯定是急于求成，想尽快拿下第三局，这个时候双方的心态其实有了变化。"

"陈指导当时其实是给你们减压的，对不对？"

周苏红点了点头，继续说道："一个好的教练真的非常重要，然后我想说，从0 ： 2落后到3 ： 2逆转，所有人都会想到的一个词就是'女排精神'。"

"我想听一听你自己是怎么理解'女排精神'的。"

　　"我觉得'女排精神'首先是顽强拼搏。从 20 世纪 80 年代老一代女排到现在，包括拿冠军的、没有拿冠军的，我觉得她们在这个过程当中体现出来的顽强拼搏的精神是最为宝贵的。当然，这个是每个运动员一定要具备的品质。其次是团结奋斗。排球是团队项目，我觉得比个人获得奖牌要更难，因为有时你的状态出来了，但是队友的状态没有出来，那么今天这个比赛队伍的状态就很难说，所以更加需要在平常训练时的磨合和合作。我们女排真的要感谢来自全国各界的关心关注。2004 年我们在 0∶2 落后的时候，在换场地的时候，我就看到都是红色，因为很多当地的华侨穿了红衣服到现场给我们加油，我们当时听到的都是'中国队加油，中国女排加油'。我们女排的辉煌能够从 20 世纪 80 年代一直延续到现在，我觉得与全国各界对我们的关心支持也是分不开的。"2004 年雅典奥运会上女排摘得中国代表团唯一一枚集体项目的金牌，时隔 20 年后，中国女排再次站到了奥运会的最高领奖台上。

　　"'女排精神'是永不服输、永不放弃。记得我们 2010 年在广州亚运会的时候也是 0∶2 落后，那是亚运会最后一枚金牌，如果我没记错的话也是中国队第 199 枚金牌。"尽管已过去多年，但周苏红依然记忆犹新，因为这是一场大逆转，夺金过程堪称惊险，"当时，所有人都替我们捏把汗，我们太想拿到这枚意义不同的金牌了。"当时是中国的主场，所以组委会特意把女排比赛放在了最后一场，小组赛时，中国女排就在先丢 2 局的不利形势下，连扳 3 局击败韩国女排顽强逆转。没想到，决赛时，两队再次相遇，再次上演小组赛一幕。中国女排依旧先丢 2 局，然后再追回 2 局。在关键的第五局，韩国女排以 14∶12 拿到赛点。现在想起来还是挺后怕的，如果这块金牌没有拿到的话，真的会非常遗憾，幸运的是，这场比赛最终还是拿下来了。"打了这么多年比赛，周苏红脑海中印象最深刻的，除了雅典夺冠，就是广州亚运会的决赛。当时周苏红显示出老将定海神针的作用，带领中国女排连得4分逆转取胜。而周苏红扭转乾坤的那个发球，也永远定格在了人们的记忆中。我的脑海里出现了那一场场让人热血沸腾的比赛，报刊中一段段的描述，电视中一帧帧的画面……

"你是参加了两届奥运会，2008年的时候是不是也是特别想要拿金牌？但最后是不是稍微有一点遗憾？"

"我觉得人生没有那么完美，有的时候遗憾也是一种美。现在回忆起来，我确实觉得2004年的冠军拿早了，如果2004年和2008年能够换一换，那就完美了。2008年虽然没有拿到冠军，但我觉得铜牌也是我们通过努力得来的。当时半决赛输给巴西以后，其实我当时有点崩溃了，因为就如刚刚你说的，我们是特别希望在自己国家的主场拿到冠军的。与我们争夺铜牌的古巴队也是一支非常强的队伍，最后我们赢了，真的是非常的不容易，我们往往说冠亚军的比赛其实比三四名的要好打，因为三四名两支队伍都是在半决赛当中输的，都想去争取这一块铜牌。"

"外界评价说，当2008年奥运会开始比赛的时候，女排队员们状态好像有点往下走，又遭遇了主力赵蕊蕊的伤病，对吧？"

周苏红眉宇间透着伤心。或许赛场上有些事情，我们不想发生却不得不接受，不得不放手。

"主要我觉得当时蕊蕊确实是我们这批当中条件最突出的，所以当时她受伤对我们的影响是非常大的，除去蕊蕊身高是1米90多，我们那批队员中有1米70多的，高的也就1米80多，我们有好多个都是1米82左右的，我们俗称就是'182组合'，那是我们对自己开的玩笑，蕊蕊是2008年3月份受伤的，到2008年的8月份奥运会开始期间，我们在很多的比赛中整个状态都非常低迷，我们确实也是缺了核心。"

"后来 2008 年奥运会期间，蕊蕊还是参加比赛了对不对？"

"对，我觉得是不可能完成的任务，因为一般的伤筋动骨都要卧床休养 100 天，她等于手术完了以后没过多少时间，就开始慢慢地恢复训练，就是为了能够参加奥运会。"

"所以你们这个团队大家心都很齐，就是希望在奥运赛场上奋力一拼，对吧？"

"不单单是我有这个愿望，每个代表国家队去参加奥运会的运动员，其实都有这个愿望。"灯光就这样散落在周苏红的脸上，闪烁其间的是一种哀伤，但她眼中又有一种力量。

不知则问，不能则学

"作为一个体育人，在这方面有自己的专长，我希望能为体育事业做出一点贡献。我和青年人建立起了紧密的联系。篮球和足球的职业化比我们排球要早很多，中国第一届排球联赛还是从 1996 年开始的，当时我有参加，所以记忆很深刻。另外，从基层的普通老百姓来看，篮球和足球的普及度真的是非常高，一个人打篮球是可以的，半场可以跑来跑去，足球也可以一个人颠颠球。我个人觉得排球相对要求更高一些，中间要隔一张网，还要几个人一起配合起来打，在普及的过程当中，难度也比篮球足球更高。"

"您觉得高校里，学生对于排球项目的参与度如何？"

"我感觉许多高校是有学校排球队的，很多学生也愿意加入学校排球队。在我看来这也是后备力量的培养。"

"这也是一条途径？"

　　"对，前几天我刚刚跟我的队友见了面。在浙江工业大学屏峰校区，举行了中国大学生女排联赛 24 强赛，我的老队友杨昊也带队来比赛，同时还遇到了几个原来各个省市的专业队员，他们都在各个高校里面当教练或者老师。我觉得专业力量的配备对整个排球普及和基础教育来说是很有帮助的。有一些学生，我还是很喜欢的。我碰到最小的爱好者是 1996 年的，他说 2004 年就看我打球了，那时他才 8 岁，当年是跟着爸爸妈妈一起看的。我觉得他特别喜欢排球，但是他没有合适的学习渠道，因为他们学校是没有排球队的，我觉得在普及层面上，我们还有很多事需要做。"

　　我看到周苏红眼里殷切的期望，说："我觉得榜样的力量还是很重要的，那个孩子从小看你打球，才喜欢上了排球这项运动。"

　　"其实我不是鼓励大家都去打排球，而是希望大家能够走出教室，多多参加一些运动，因为我自己也是过来人。从 1990 年到 2013 年退役，20 多年的运动生涯带给我很多，许多人通过体育运动，锻炼了自己的意志品质，所以希望大家能够多多参与到体育运动当中去。"

　　"这么多年的运动生涯给你留下最宝贵的是什么？"

　　"我觉得是坚强的意志，当时在队里打球的时候会遇到各方面的困难，全国人民对女排的关注度是非常高的，10 个人里面如果有 6 个是喜欢你的，就有 4 个人是不喜欢你的，所以我不会去看网络上的评论，以免影响自己的情绪。要想办法调整自己，在这个过程当中办法永远比困难多。"

　　"你退役之后是如何调整状态以扮演好不同时期的角色的？"周苏红顿了一下，说："其实刚退下来的时候，我也很迷茫，感觉自己除了会打球，什么都不会。我就凭着那股子认真劲，边学边干，到共青团浙江省委员会挂职后我感觉自己的压力更大了。不是因为工作忙什么的，而是怕自己做不好。我觉得自己不能给体育人丢脸，所以就非常努力，但是这个过程真的是蛮艰辛的，困难还是来自自己内心的恐慌。因为我打球那段时间缺乏系统的文化课学习，所以到共青团浙江省委工作以后，我觉得这一块对我而言是非常缺失的，而共青团浙江省委是一个政治性很强的单位，这两年多我一直在努力学习。我常怀感恩，觉得我是非常幸运的，因为我这一路走来，自己从来没有争取过什么，而浙江对我们这一批优秀运动员后续的培养还是非常到位的，所以非常感谢浙江特别的政策环境。"看着周苏红一脸淡然又非常认真的样子，我想人所达到并保持着的高处，并不是一蹴而就的，而是他们在别人休息或娱乐的时候，一步步艰辛地向上攀爬得来的。

"从您踏入体育界到现在，中国体育有什么比较大的改变？"

"我觉得现在越来越开放，现在很多队员走出国门，国外的优秀队员也可以引进来。因为在 20 世纪 90 年代的女排联赛中都不会看到外国人的脸，而现在国外的球员占了一定的比例。中国也涌现了好多高水平的球员，像朱婷这种球员，水平在国际上都是一流的。排球领域的国际交流，也能促使更多年轻人对排球运动感兴趣。"

"您想对喜欢排球的青少年说些什么吗？"

"希望他们能够通过排球这项团队运动形成团队意识、合作意识。希望他们能磨炼意志，具备一种顽强作风、拼搏精神，这样无论做什么，都会有所成就。"

周苏红淡淡的微笑，像一股清凉的泉水在我心中流过。看着她的背影，回望她一路走来，有苦，有甜，有笑，有泪。她的成功根本没有什么秘诀可言，如果真有的话，就是坚持到底，永不放弃！

专访于 2019 年 4 月

孟公是关良，划艇天下闻
——专访划艇奥运冠军孟关良

人物名片：孟关良，浙江绍兴人，中国皮划艇静水项目运动员。1995 年，孟关良进入国家皮划艇队。1997 年至 2001 年蝉联全运会男子 1000 米划艇冠军；2004 年 8 月，在雅典奥运会上夺得男子双人 500 米划艇金牌，这是中国选手在皮划艇项目上夺得的首枚奥运会金牌；2008 年北京奥运会上，卫冕男子双人 500 米划艇冠军。现任浙江省水上运动管理中心主任。

专访孟关良那天，天空有些灰蒙蒙的，只见一个身材魁梧的男子，身着西装，皮肤古铜色，五官轮廓分明，眼睛细长，嘴角洋溢着一抹微笑，整个人散发出一种威严之气。当时的他挂职于杭州下辖的建德市，任市委常委、副市长。孟关良是 2004 年雅典奥运会和 2008 年北京奥运会划艇项目的金牌得主。

山重水复疑无路，柳暗花明又一村

"其实我从小就很喜欢体育，特别是跟水有关的项目。记得当时去参加游泳队训练的时候，家里人特别是爷爷、奶奶是坚决不同意的。于

孟关良（右）和本书作者（左）

是我一直跟他们'磨'，说我喜欢，我一定要去，后来家里人经不住我'磨'，就答应我去游泳队了，其实那个时候我才 9 岁。去少体校的游泳队，就意味着要独立生活了，现在回过头来想想，还是需要勇气的。"孟关良咧嘴笑了一下，眼神有些悠远。

我笑着说："当年说是执拗也好，任性也好，最终要感谢您 9 岁时的坚持，不然就没有现在坐在我们身边的奥运冠军了。您当时在游泳项目上训练了几年？有些什么成绩？怎么后来没有坚持下去？"

此时个子高大的孟关良有点黯然，让我有些惊讶，他说道："其实在 6 年的游泳生涯中，我是非常努力的，但很遗憾一直没有取得非常好的成绩。记得当时我最好的成绩是浙江省游泳比赛的银牌，因为从来没拿过金牌，省队教练觉得我没有发展前途了。"

"您当时听到这句话的时候，是不是有点天塌了的感觉？"

孟关良憨憨一笑，答道："那时候我还小，没有强烈的反应，但是知道被教练'判死刑'以后，确确实实感觉很迷茫，不知道以后能做什么。因为当时我 15 岁了，文化课可能也跟不上了，外出打工又太早了。"

"所以您的母亲说，如果您不当奥运冠军，就会去卖菜了？"

"哈哈，这其实是我母亲的一句玩笑话，原话是：'我儿子如果继续走游泳道路的话，可能回来买个三轮车就去卖菜了！后来还好转了皮划艇。'其实我从游泳转皮划艇的过程中也有一个非常有意思的小故事。"孟关良此时露出了狡黠的笑容。

"您就别卖关子了，赶快说说。"我的好奇心一下子被勾了起来。

高大的孟关良脸上露出几分温情，说："我们绍兴游泳队和皮划艇队是长期在一起训练的，吃住都在一起，我们游泳队的队员个子矮，皮划艇队的队员个子高，在一起就是所谓的'最萌身高差'。而最早我有两个游泳教练，其中一个游泳教练转做皮划艇教练了。1994年，我在游泳队的训练结束回到绍兴的时候，那个教练就来劝我练皮划艇，当时我立马就答应了。练了没多久，我就进入了皮划艇队。"

"说明你遇到了一位优秀的教练！"

"嗯！"孟关良狠狠地点了点头，"当时谁也没想到，这一划就划进了奥运赛场，一划就划出了两枚奥运会金牌，还真是柳暗花明又一村啊！"

我想，每个人都有身处黑暗当中的迷茫时刻，但只要我们不放弃，光明总会到来。在游泳对孟关良没有未来可言时，他也没有放弃，尽管去练皮划艇也不知道会不会有未来，但哪怕是一丝的希望他都在努力，最后他终于挺过了困难，获得了机遇。

穷且益坚，不坠青云之志

"听说您在训练期间，膝盖受了比较严重的损伤？"

"作为运动员，受伤是难免的，压力可以和兄弟、教练一起化解，但身体上的伤痛就只能忍了。由于皮划艇需要运动员跪在艇里划，全身的重心都在膝盖上，对膝盖的伤害特别大。"

"我听说您训练最艰苦的时候，针管都能够从膝盖里抽出积水，是这样吗？"

"是的，你看皮划艇这个项目，我们虽然有一块跪垫，但是我们在划的过程中，膝盖是在移动的，跪垫容易跑，而所有的重心都在膝盖上面，膝盖承受的力量就非常大，非常容易造成积水。每过十天半个月，我们的膝盖就得抽积水，一开始还让医生来抽，抽多了，我们自己都会了，就自己拿针管抽了。"

"能抽出多少？"

"一般一抽就是一管。"

"'一管水'是多少？"

"差不多 500 毫升。"

"我特别佩服您的毅力，中途您有想过要放弃吗？"

"其实有无数次想过放弃。"

"是在什么样的情形下会想要放弃？"

"运动员的运动生涯不可能一帆风顺。无论在平时训练中，还是在比赛中，都会碰到一些问题。尤其是在运动量特别大的时候，我的心情会非常不好，那个时候往往就会有放弃的想法；还有当我们受伤的时候，放弃的想法也会跳出来；还有就是在比赛中，没有达到预想的成绩的时候，你会怀疑自己到底适不适合这个项目，也会产生放弃的想法。"

"我最想知道的是您是怎么从想要放弃的情绪中走出来的？"

"最重要的是自己要调整好，走出来是非常艰难的过程。第一，说真心话，我喜欢皮划艇这个项目；第二，练这个项目练了这么多年，我对皮划艇已经有了非常深厚的感情。这个项目之前给人的感觉一直是欧洲人的项目，在世界上好像没有我们的一席之地。其实当时我们备战奥运会的时候，我们这个团队就想这个项目什么时候我们能有突破，取得一块金牌。"

我突然明白了，这就是孟关良他们在膝盖受伤的情况下，一边抽积水一边坚持训练的理由。

"其实说到您获得冠军，还有一类人不得不提，那就是教练，他们陪伴你们的时间可能比陪家人的时间还多。"

"教练和我们朝夕相处，在我的运动生涯中，有很多教练都和我感情很深。教练非常辛苦，他们和学校教授知识的老师不一样，因为老师下班以后基本就没事了，但是我们的教练几乎是 24 小时的'保姆'。像我在绍兴的几个启蒙教练，按照他们的说法，就是待我比待自己的儿子还要好。而且我们这个项目有个特点，就是训练的地方远离城市，那教练照顾自己孩子的时间，真是寥寥无几的。我们的教练确实为了皮划艇运动做出了很多的牺牲，是在我们背后默默奉献的一群人。"

同舟共济扬帆起，乘风破浪万里航

"2004 年雅典奥运会和 2008 年北京奥运会所取得的两枚金牌，您觉得哪块金牌更难拿一点？"

"确实这两枚金牌的备战过程有本质性的区别。"孟关良沉吟了一下说，"2004 年的雅典奥运会，其实我们是去冲金牌的。说句心里话，在备战的时候，我们的心态是想去参加一次奥运会，拿个名次。哪怕到了最后决赛起航的那一刻，我们的心态也是冲击金牌，而不是一定要拿到金牌。所以那时压力没有特别大。"在 2004 年雅典奥运会上，孟关良是和杨文军搭档的，在男子双人 500 米划艇决赛中，两人以 1 分 40 秒 278 的成绩夺冠，从此一战成名。这是中国皮划艇项目的第一枚奥运会金牌。

"到 2008 年北京奥运会就不一样了，我们是保金牌，所以在整个备战过程中，我们的压力非常大，包括比赛的时候，面对这么多喊着我们名字为我们加油的中国观众，我们心里觉得整个过程非常艰难。"孟关良一阵沉默，仿佛回忆起了当时的压力。

"2008 年北京奥运会前夕，您是怎么样释放压力的？"

"压力如果积压在那里，会让人越来越难受。2008 年我们压力倍增，特别是到了后期，基本上除了训练，还是训练。手机不看了，报纸和电视也不看了。我们完全隔绝外界的一切干扰，全身心进入备战状态。"

"我还关注到一个细节，您参加两届奥运会划艇比赛时，穿的衣服是一样的，为什么？"

"我对 2004 年雅典奥运会上穿的衣服还是挺有感情的，所以在北京奥运会的赛场也穿着它。我们觉得这衣服会给我们带来幸运，所以我们就一直穿着它，直到比赛结束。"

"2008 年北京奥运会你们的划艇刚过终点线的时候，您就掉下水了，那个时候是失误，还是激动地跳下去了？"

"其实我们是到了终点以后体力不支掉下去了，而不是兴奋地跳下去了。"听到这里，我心里一阵抽紧，想想他们是多么不容易啊！

孟关良仿佛沉浸在当时的情景中，我也深深觉得荣誉的背后是千万次的失败和无数的汗水。我们一直看到的是奥运冠军头顶上的光环，其实我觉得背后更多的是一种坚持。念及于此，我仿佛见到了赛场上皮肤黝黑、肩膀宽阔、上半身前倾、下巴抬起、眼直视前方、双臂拼命划动的孟关良……

"2008 年北京奥运会之后，您就选择退役了，对吗？"

"是的。"

"退役之后有没有过迷茫期？"

"有过，我觉得每一个从奖台上走下来的奥运冠军都要经历这样的一个过程。其实在 2005 年第十届全运会后，我就退役了。"

"您 2005 年就退役了啊，那怎么后来又参加了 2008 年的北京奥运会呢？"

"2006 年我恢复运动训练了，不过那时确确实实需要很大的勇气才复出的。当时做出复出决定的时候，很多人都不敢相信，特别是我身边有很多朋友问我'想好了没有？'我说'我想好了'。他们紧接着问我一句话：'你认为 2008 年你一定能拿金牌吗？'我当时不敢说能，那时我自身确实也有很多困难，阻力非常大，比如说父母身体不好，爱人怀孕，等等。重新去训练，意味着家里老人和妻子都没人照顾。"

"说实话，他们内心肯定是不想要您复出的，这样您可以不必承受以前训练的苦和受伤的痛。但是最后他们是怎么样理解你的决定的？"

"我觉得中间有一个过程。因为我爱人也是水上运动员，她非常了解我，她说：'你已经想好了。'对我而言，这就是一种支持。那时候杨文军也找不到合适的搭档，只有我复出，我们才有可能在这个项目上拿金牌。我离不开水上，我的根在水上。"

"所以为了 2008 年的奥运会金牌，您可以说是舍小家，为大家，义无反顾地回来了。"

"嗯，从我的内心来说，能做出这个决定，除了我是一名党员，国家需要我，我一定归队之外，其实更重要的原因是 2008 年奥运会就在北京举行，我不想错过家门口的比赛。还好，结局还算完美。"

很少有人知道，就在北京奥运会开幕前 3 天，孟关良的腰部受了重伤，每天只能卧床休息。在床上躺了几天后，孟关良凭着惊人的毅力，开始做康复训练，最后打了封闭针才得以完成比赛，并站上冠军领奖台。这是中国代表团在 2008 年奥运会上夺得的第 48 枚金牌。让人难以忘怀的，还有在北京奥运会卫冕之后，孟关良在领奖台上抱着儿子猛亲一口的温馨画面。

千人同心，则得千人之力

"现在您的角色发生了转变，担任了浙江省水上运动管理中心主任，现在又挂职建德市的副市长，担子也很重。相比于做运动员的时候，现在您觉得身上的担子重在什么地方？"

"我觉得组织上派我去建德学习，对我来说是一个非常好的学习锻炼机会。我去了建德以后才感觉到我们在体育局系统内能接触到的东西还是比较少的，到了建德挂职以后，我学到方方面面的东西。"拥有吃苦耐劳品质的孟关良从不惧怕困难，在从政道路上他一心为民，获得了群众的阵阵掌声。

"没想到做行政工作也是很忙碌的，我的爱人埋怨我，说当教练见不到我，当了副市长也见不到我。我错过了孩子的很多成长瞬间，但是为老百姓做点有意义的事情，同样也是很幸福的。自古忠孝难两全，我的爱人是理解我并支持我的。"讲到陪伴孩子成长，一个高大的男人眼神里也难免流露出一股难过和愧疚。

"目前浙江的水上项目有优势吗？"

"那当然，我认为我们浙江的水上项目的优势在于我们的基础雄厚，我们11个地市中有9个地市有水上队伍，这和我们省委、省政府，以及相关政府部门重视我们的水上项目是分不开的。"

"您作为浙江体育界的前辈，怎么看对新人运动员的培养呢？"

"我觉得这个时代需要我们的运动员进一步提高综合能力。其实随着时代的发展，外界对于竞技体育运动员的要求越来越高，拿了奥运冠军之后，运动员要接受媒体采访，媒体还会评论运动员的英文水平，这些都要学会接受。现在培养运动员会要求他们全面发展，特别是在我们浙江。我们的体育局首先是育人，全方位育人，然后才是取得金牌。我们的优秀运动员，他们除了拿金牌这个目标以外，在思想上也是积极入党的。"

"您想对后辈说些什么？"

"努力加油，好好训练。应该说现在的体育环境更加好了，国家的投入也特别大，所以我们应该更有信心，将更多的精力投入训练，为我们国家争取体育方面的荣誉而奋斗。在这里我也呼吁大家动起来，参与到全民健身当中。"

"刚才听您讲到运动员思想上入党的问题，您觉得党建在运动员队伍建设中有什么作用？"

"加强党建，可以推动运动员队伍建设。运动员每年都有比赛，他们就像'攻坚战士'，必须有无私奉献的精神，发挥党员的带头作用，发挥榜样的力量。运动队的党建工作也就要特别细致。"

"您的党龄多少年了？"

"19 年。运动员的思想教育工作，对优良作风的培养、对整体实力的提升，都能起到积极的作用。因此，我们要充分发挥党员的模范带头作用。在运动员队伍中更多地寻找和树立榜样，用榜样的力量来带动运动员竞技水平的整体提升。"

此时天下起了蒙蒙雨，我和孟关良握手告别，看着他大踏步往前走的背影，我的耳畔响起了那句诗："长风破浪会有时，直挂云帆济沧海。"

专访于 2019 年 4 月

游鱼入渊，飞鸿印雪
——专访游泳奥运冠军罗雪娟

人物名片：罗雪娟，浙江杭州人。2000 年 6 月入选国家队。2004 年雅典奥运会上获得 100 米蛙泳金牌，同时以 1 分 6 秒 64 的成绩刷新奥运会纪录。曾获中国十佳劳伦斯冠军奖年度最佳人气奖、中国十佳运动员、浙江省"三八红旗手"等荣誉称号。

老子曰：上善若水。水是大自然最美丽的景观之一，能静能动，有刚有柔。静则波澜不惊，一碧万顷；动则激流湍急，浪涌波翻；刚如大浪淘沙，席卷而来，呼啸而去；柔似平湖秋月，让人赏心悦目，流连忘返。无论是大海之滨的烟波浩渺，还是山间溪流的低吟浅唱，都诉说着水的神奇和壮丽。而罗雪娟名字中的"雪"是水的另一种形态，她与水结下了不解之缘。

俯仰浮沉，搏浪迎波

我专访罗雪娟，是在春末的 4 月天，她一身白色套装，头发利落地束了起来，最令人难忘的是她细长而明亮的眼睛。

我们坐了下来，罗雪娟带我进入了"时间隧道"："我生在杭州，

罗雪娟（右）和本书作者（左）

长在杭州，我爸我妈都是普通的工人。"

"怪不得你有一种邻家女孩的气质，原来是杭州养育了你。当年你怎么就和水结缘了呢？"

罗雪娟歪歪头，眼睛也弯弯地一笑："我从小就喜欢水，上幼儿园时，我们住在有天井的房子里，母亲常在天井放一大盆水，我可以在水里玩一整个下午。"

"那你是什么时候真正开始游泳训练的呢？"

"7 岁那年，我当时因为身高和臂长优势被杭州市少年儿童业余体校（现为杭州市陈经纶体育学校）的游泳教练章仁超选中去练习游泳。"

"你爸爸妈妈同意吗？"

"我对他们说，上体校可以不用再花家里的钱，还有补贴，能够为他们减轻负担。他们想着能够锻炼身体，也就同意了。"

"第一次去训练时，我都没带泳衣，然后直接穿着内衣内裤跳下去游泳了，现在回想起来感觉很糗，但当时也没觉得怎么样。"罗雪娟掩着嘴笑了，继续说，"我整个小学阶段，每天放学后就到杭州市少年儿童业余体校的游泳馆训练一个半小时。当时纯粹是为了游泳而游泳。"

"你当时这么小，长期训练有没有觉得厌倦的时候？"

"还真有，日复一日的训练生活很是枯燥，我有时候不怎么认真。那时我们教练会和家长说，我爸知道了后，批评了我几句，刚批评时我会认真刻苦地训练几天，过后又忘了，又开始放松起来。"

"那时候教练着急吗？"

"着急，他认为我不够认真，就出不了成绩。他对我爸说，如果我一直这样会被退回去的。于是我爸就更着急了，而且我爸的身体不好，患有乙肝，1991 年就办理内退了，每月只有 300 元的生活费。"

"那你着急吗？"

"那时候我还不是很懂事，只是觉得练游泳能够为家里减轻负担，没有想这么多。一次回去，我爸就骗我他这病是心病（后来我才知道是骗我的），我好好训练，我爸的身体就会变好，我要是成为世界冠军，我爸的病就全好了。我当时信以为真，觉得练游泳不但能减轻家庭负担，还能让爸爸身体恢复健康，这样一来，我就开始刻苦训练了。"我默默地听着，觉得当年小小年纪的罗雪娟承受了很多。

出众的天赋加上刻苦训练，让罗雪娟频频在浙江省内各种比赛上取得好成绩。令她欣喜的是，父亲的病情似乎也在一点点好转。"我当时真以为是我的好成绩才使得我爸身体慢慢好起来的。其实爸爸每次见我都是强打精神，以最好的一面面对我。"罗雪娟的声音低沉了很多。我感受到罗雪娟有一颗柔软、细腻、善良、孝顺的心。

"你取得了成绩，浙江省游泳队向你招手了吗？"

"说起进浙江省游泳队，我可是二进二出。"

"为什么啊？"

"我在 1995 年 11 岁时被选进了浙江省游泳队，但是我除了蛙泳成绩出挑一点外，其他项目的成绩都平平。半年以后我就被退回了杭州市少年儿童业余体校。当时这件事对我的打击是有点大的。爸爸这时反而安慰我，不要因为一次失败就灰心，还会有机会，前提是自己要有好的成绩。"

"那第二次进省队是多久之后？"

"我记得是半年以后吧，1996 年，浙江省游泳队的教练张亚东来体校选队员，他把我重新带回了浙江省游泳队，由他亲自带我。"

"张教练是你的贵人啊！"

"嗯，是的，张教练一定是我的贵人。到了 1997 年，我正在参加全国比赛，最后获得了全国少儿游泳比赛 100 米蛙泳项目的金牌。第二天我拿着金牌兴冲冲赶到医院时，我爸还在昏迷中，我哭得非常伤心，觉得我的好成绩也没让爸爸的身体健康，我妈这才告诉我那是为了让我好好训练，爸爸对我撒的谎。那时候我已经 13 岁了，也懂事了很多，一下子接受不了爸爸的病况。"讲到这里，罗雪娟还是红了眼眶。直到这时，罗雪娟才得知，这些年来因为家里经济紧张，父亲的治疗时断时续。

罗雪娟说："当时我对我爸说，如果他不好好治病，我拿金牌也没有任何意义，逼着我爸好好看病。我也是能省则省，将钱省下来给爸爸治病。"听到这里我也是百感交集，一个是爱家爱女儿的父亲，一个是爱家爱父亲的女儿，两人都用自己的方式在爱护着对方。

"有一次我发现我爸又搭配一些其他便宜的药来治病，这样对病情非常不好，我就'威胁'我爸，说如果他不把他身体当回事，我也不把训练当回事。"

"你的威胁有用吗？"

"还有点用，我们有了一个约定。"

"什么约定？"

"女儿罗雪娟必须好好训练，争取早日成为世界冠军；父亲罗国安必须按时按量吃药，坚持锻炼，好好保重身体。"

飞雪千里静，滴水穿石成

有了这份沉甸甸的约定，2000 年 6 月，罗雪娟顺利进入国家游泳队，向世界冠军发起冲刺。"我为了兑现与父亲之间的承诺，哪怕队里放半天假，我都自觉地加练，没有一次出去玩乐的。如果少训练了一会儿，我的心里就感到不踏实，只有超量完成训练任务，把自己练得趴在床上都起不来，我才觉得练够了。我希望我的训练成果能够带点好的消息给我爸爸，让他的心情好一些。"

2000 年悉尼奥运会，罗雪娟在 100 米蛙泳决赛中仅获第 8 名，其实，对于一个第一次参加奥运会的小运动员来说，这已是非常不错的成绩了。但心气很高的罗雪娟对自己的表现很不满意，郁闷的她训练时不像以前那样刻苦了。"有一次，我没按照教练安排的战术训练，教练非常生气，就狠狠地批评我，我那时候心情不好就顶撞了他。张教练可能觉得恨铁不成钢吧。他当着队员的面批评我。我委屈地哭着跑了出去……"

"后来呢？"

"我的心情肯定低落到了极点，于是和父母打电话，说不想练了。没想到第二天我的父母就来北京了，当时我很惊讶，也很感动。感动于我父母对我如此上心。

"我爸见了我没怎么安慰我，反而批评我，让我要有一颗感恩的心对待张教练，说张教练对我像对女儿一样，要尊重他。我妈也加入了劝说队伍，对我说，我爸就是倚靠我拿金牌的希望撑着身体的。听到这些话我就忍不住伤心地哭了起来。"

"其实，你并不是真的不想练了，只是你的内心承受了很多，也需要宣泄，对吗？"

"你说得对，我对父母说，我会好好练下去的。"

2001 年 5 月，在日本福冈举行的世界游泳锦标赛上，17 岁的罗雪娟一举夺得蛙泳 50 米、100 米 2 枚金牌；2 年后的巴塞罗那世锦赛上，她又连夺 50 米、100 米蛙泳和 4×100 米混合泳接力 3 枚金牌，成了当时中国游泳史上获得世界冠军最多的运动员。

"我用 5 枚沉甸甸的金牌兑现了对爸爸的承诺。而我爸爸也兑现了他的承诺，好好锻炼身体，好好吃药，病情也控制住了。"

"你一鸣惊人，成为新一代'蛙后'了。要不说说当时你在雅典夺冠的情形？"

只见罗雪娟的眼睛亮了起来，说："我当时仅仅以半决赛第七名的成绩进入决赛，位列第一泳道，第一泳道堪称最不好的泳道。"

"那是为什么？"

"因为浪花碰到泳池壁回弹会影响比赛成绩的。"

"哦，原来如此！"我恍然大悟。

"我当时在国际泳坛上没有什么名气，所以半决赛时，排名第一的琼斯甚至看都没有看我一眼。那场比赛澳大利亚有夺冠的'双保险'——琼斯和汉森。"

"你有压力吗？"

"很奇怪，当时我一点压力都没，也丝毫不害怕她们俩，但是也会紧张。我在准备的时候已经给自己定好上限和下限，然后我就会忘掉周围的事物，关注当下，全力以赴。"

随着发令枪响，罗雪娟迅速领先。50 米，她甩开了所有对手，率先转身进入后半程；在游到 75 米的时候，琼斯想要赶超她，却没能成功。向前、冲刺、触壁，动作一气呵成，领先第二名选手汉森近半个身位。在半决赛游出之前世界纪录的琼斯也只能望"雪"兴叹。

"至今我还记得，这场比赛是在北京时间 2004 年 8 月 17 日深夜 1 点多的时候举行的。我以 1 分 6 秒 64 的成绩击败最大劲敌、澳大利亚名将琼斯，获得了奥运会 100 米蛙泳金牌。"

"嗯嗯，真为你高兴。相信对于中国体育人来说，你为中国赢得了阔别 8 年的奥运会游泳金牌，成为在雅典实现游泳历史性突破的'开路先锋'。"

"张亚东教练对大家说过，我这次获得游泳金牌完全是靠过硬的心理素质和超强的实力。"罗雪娟像孩子似的笑了起来，透露出掩饰不住的欣喜。

"我的泳姿在游泳队里算是凶悍的，所以队友送我'猛兽'的称号。"

"是吗？你的形象，怎么看都和'猛兽'对不上啊！"

"哈哈，看不出吧，游泳时我可凶悍啦。"

我想这"猛兽"的称号正是罗雪娟实力的体现。

"我相信自己会如愿夺冠，一直都坚信！"罗雪娟成名后，媒体对她的追逐就没有停止过。罗雪娟做人做事非常低调，她的爸爸总是这样教导她："运动员的任务就是训练和比赛，不能把自己当成娱乐明星。"因此，罗雪娟一直与媒体保持距离，这反而为她蒙上了神秘的色彩。"当时有些遭到我拒绝的人就会在背后散播谣言，说我'高傲，耍大牌，不好接近'。有一段时间我也挺难过的，我爸对我说了一句话才点醒了我。"

我饶有兴趣地问道："说了什么？"

"我爸说：'你没有做错什么，不必在乎别人怎么说，踏实干好自己的事比什么都重要。'听了这话，我就豁然开朗了。"

5 枚世锦赛金牌加上 1 枚奥运会金牌，让罗雪娟当仁不让地成为中国游泳队的领军人物。在风光背后，很少有人知道她艰辛的付出也换来了一身伤病，高强度的训练让她一直疲惫不堪。

2004 年春节过后，已成为中国游泳队"当家花旦"的罗雪娟在山西晋城参加全国游泳冠军赛，游完 200 米蛙泳后，她晕倒在泳池里，工作人员赶紧将她送到医院，诊断的结果是高原反应引起的疲劳。2004

年 8 月，在雅典奥运会上，罗雪娟夺得 100 米蛙泳金牌后，在接下来进行的 4×100 米混合泳接力比赛中，再次晕倒在水池里。2005 年夏天，罗雪娟在备战世锦赛的训练中扭伤脚踝，打上封闭后继续训练，结果出现短暂的晕厥；同年 12 月，在国家训练局综合馆训练时，罗雪娟又一次晕厥。女儿一次一次晕倒，让罗国安夫妇的心在冷水里泡着……鉴于自己的身体已不适应国家队高强度的训练，2006 年 5 月，罗雪娟申请回到了浙江省游泳队训练。这时的罗雪娟感到越来越吃力，每次训练完后，她要休息好一会儿才能缓过气来。

"我深深记得 2006 年 11 月 25 日，在浙江萧山游泳基地训练时，我感觉不舒服，开始我还想再游一下试试，结果还是感觉不好，就在池子里面放松，起来后我让教练把医生叫过来，那两个医生是全科医生，看不懂心电图，说我慢慢会好起来，休息一下就没事了。后来他们给我打盐水，补充心肌营养，当时我说今天感觉不对，我让他们把我送往医院。去医院的路上就用了 1 个多小时，到急诊室也绕了好久，因为当时我是走着进来的，他们以为我没事，但我一躺到床上就不行了，脉搏 200 多，随时都有生命危险。医生马上给我补充心肌营养，我才慢慢苏醒过来。恢复过来后，我才知道，这一次自己离死亡很近，当时医生连电击都准备好了……这一次我算是死里逃生，所以我爸爸反过来担心我甚至威胁起我来了：'孩子，我们不要你拿什么金牌了，只要你平平安安。'在泳池里拼搏了 10 多年，而且自己年龄也不大，就这样放弃自己于心不甘，我想 2008 年后再退役。我爸爸不同意。我也觉得父母说得对，和生命比起来，金牌永远是次要的。"那时候，我觉得罗雪娟还是有遗憾的，因为她看着前面的湖水，沉默了许久，许久。

2006 年 12 月，罗雪娟正式向浙江省体育局申请退役。12 月 28 日，罗雪娟在浙江大学医学院附属第二医院进行了心脏微创手术。2007 年 1 月 29 日,罗雪娟正式宣布退役,国家游泳中心为她颁发了"中国游泳杰出贡献奖"。在 2008 年的北京奥运之年里,她担起了奥运圣火在中国传递的"第一棒",这是另一种形式的"第一"——第一个在希腊接过奥运圣火的中国人。

雪胎梅骨,细水长流

"我至今记得在退役的新闻发布会上,我说:'我进入国家队已经 7 年了。7 年来,国家队就像我的家一样,给我温暖与支持。现在虽然我离开了,但我今后仍会在这个家里,以另外的方式为 2008 北京奥运会做贡献。'当时我就是这么说的。现在我也是这么做的。"她如此清楚地记得多年前讲的离别感言,我相信只有一种原因,那就是出于对游泳真正的热爱。

"我有个习惯,游泳时只专注于自己的泳道,退役以后,我也会专注于一件事情。"

走下领奖台,一切重新开始。读书,结婚,生子,人人都说罗雪娟变了,变得柔软平和,不变的是她奋勇向前的初心。

一次偶然的机会,罗雪娟接触到了公益事业,并且爱上了做公益。在她看来,做公益贵在行动和坚持。多年来,罗雪娟一直坚持参与公益活动,并感召身边更多的人投身公益事业。2008 年汶川大地震发生后罗雪娟作为"爱心火炬计划"的发起人之一和该项目的终身形象大使,将珍藏的"祥云火炬"捐献给中华思源工程扶贫基金会,以支持灾区的重建和贫困地区的扶贫工作。罗雪娟动情地说:"作为发起人成立基金会,我想通过募集善款,帮助灾区及贫困地区的女性自强自立,并将爱心的火炬不断地传递下去，点燃灾区和贫困地区人民生活和发展的希望之火，期待这爱心火炬照亮和温暖更多地方和更多人。"

"自己很幸运，拥有了很多，希望自己成为一个能够回馈社会的人。"罗雪娟说。近几年来，她常去观看游泳比赛，为队友加油，也常参加公益活动，"希望让大家看到我阳光的一面"。

"你尝试做游泳比赛解说和与游泳项目相关的推广工作，感觉进入状态了吗？"

"我一直没有离开游泳，因为我非常热爱游泳，作为一名曾经的奥运会选手，这2年大家能在央视听到我的声音，我希望呈现给大家更专业、精彩的点评，让更多的朋友了解我们游泳这个项目。"

"听说在2018年的杭州世界游泳锦标赛（25米）上，你以特殊的形式回归了，对吗？"

"嗯。"此时的罗雪娟是温柔的、慈爱的，洋溢着做母亲的温柔气息，"当时我已经怀二胎了。虽然我在怀孕期间也坚持游泳，但是想着乘飞机不是很方便，所以一开始我是拒绝的。后米主办方对我说，我现在怀孕，水孕育生命，这是太好的主题了。听到这句话我就来了。因为真的，水孕育了我的另一个生命。当时对着世界游泳锦标赛的泳池和全世界的观众，我对未出世的宝宝说：'孩子，妈妈在泳池边等你！'当时我自己都感动了。"

现在，罗雪娟的新身份是"二胎妈妈"，她说："孩子是我的力量源泉，这么小的孩子每天都能有成长和变化，身为母亲的我更没有理由不去进步。"

"您对未来的泳将们有什么期待和寄语？"

只见罗雪娟沉思了一下，说道："摘得胜利的果实只是比赛一瞬间的事情，想要取得好的成绩还是离不开日积月累的训练。好好享受追梦的过程，哪怕没有摘得果实。"

我想正如罗雪娟名字中的"雪"字一样，她固守的是一份雪一般珍贵的纯洁。

专访于 2019 年 4 月

七尺男儿，百步穿杨
——专访射击奥运冠军朱启南

人物名片：朱启南，浙江温州人。2002 年进入国家射击队，2004 年雅典奥运会上获得男子 10 米气步枪金牌，现为浙江省射击射箭自行车运动管理中心主任。

春天即将随着纷纷的柳絮告别，夏天就披着一身的绿叶在暖风里悄悄地走来了。春末的阳光从密密层层的枝叶间透射下来，地上印满铜钱大小的粼粼光斑。我踏着暮春的脚步到了浙江省体育局一侧的茶室，刚走进茶室，就注意到一个颀长的身影，穿着黑色休闲装的朱启南已经站在那里等候，那时阳光正好，微风不燥。

穷且益坚，不坠青云之志

一坐下来，我就笑着说："2004 年你在雅典参赛时，我们一家都在看现场直播。感觉你比电视上平和了很多。"朱启南不好意思地笑了笑："成熟了啊。"然后我们俩不约而同地笑了起来，感觉亲近了起来。

我向朱启南提问："射击，在我们外行人看来是一项很酷的运动。

朱启南（左）和本书作者（右）

你当时怎么会选择这个运动项目的？"

朱启南回答："其实我选择射击这个项目还真是出于偶然。那是1999 年，我在温州第十七中学读初一第一学期的时候，我们的体育老师让我们参加业余兴趣活动，其实也是温州第二业余体校（今温州体育运动学校）的老师来挑选各种体育项目的苗子，我选择了射击。我一进射击场大门就听到枪声，一下子就喜欢上了。"说到这里，朱启南抬起头，嘴角扬起了一抹笑容。

上了几次课以后，当时的教练提出了一个令他印象深刻的要求——叠弹壳。教练让大家一手端着一张纸板，另一只手拿弹壳一个一个在纸板上叠高，看谁叠得又高又不倒下，这得非常小心。后来朱启南才知道这个动作是测试稳定性的，做这个动作心要静，手要灵活和稳定。还有就是闭眼，张开双臂走直线。后来朱启南才知道叠弹壳和闭眼走直线是射击选手选拔的"敲门砖"。那次从射击队回来后，朱启南的启蒙教练汤恭喜就想让他进体校训练，这样意味着要放弃文化课的学习，做一个专业射击运动员了。当时朱启南的父母觉得孩子的成绩还不错，有点舍不得让他放弃学业，做前程未卜的专业运动员。于是汤教练就风雨无阻地连续两个月来他家，天天给朱启南的妈妈做工作。有一天下大雨，汤教练又来了，朱启南的妈妈就被感动了，于是就答应了汤教练的请求，这时朱启南已经开学几周了。最后在时任温州第十七中学校长伍挺的支持下朱启南办了转学手续，他还深深记得当时伍校长在办公室鼓励他们 4 个同学的话："好好练，要努力，将来会有出息的。"时隔多年，朱启南仍然和已担任温州市教育局副局长的伍挺保持联系。我开玩笑说："这位伍校长真有远见，一转学转出一个奥运冠军。"他微微一笑，说："人不能忘了鼓励过你的人。"于是初二时，他转到温州第二业余体校训练。

　　初二结束时的暑假，朱启南参加了一次比赛，当时他的状态不是很好，也没有取得好名次。他的启蒙教练汤恭喜已经退休，当时朱启南的教练就打电话给他妈妈说，朱启南没有练射击的天赋，建议还是回去读书，考个普通高中。当时他妈妈就蒙了，孩子的学业已经耽误一年了，怎么说退就退呢。当时妈妈非常着急，有一天朱启南训练结束后回到家，妈妈告诉朱启南这个情况，鼓励他好好练，对他说："做人要有骨气，想办法用成绩证明给他看。"朱启南这才知道当时的教练已经准备放弃他了。也就是从那时起，朱启南开始努力训练了。朱启南准备了一本训练记录册，其他运动员 8 点钟开始训练，他 7 点半就开始；其他运动员训练到下午 6 点钟，朱启南就 6 点半离开靶场。朱启南风轻云淡地对我说："教练不看我训练，也不指点我，相当于让我自生自灭，我自己就想到一个笨办法——把每天的训练情况全部写在笔记本上。我还是得感谢汤教练，虽然他退休了，但是他没有放弃对射击项目的热情，所以他每周六都会骑着自行车到射击场来看看我。每到周六，我就把训练笔记本给他看，然后跟他沟通。他也毫无保留地指点我。久而久之，汤教练知道了我的情况，但是他不评价谁对谁错，到了周六的下午，他就坐在我身后看我训练。他会在每周六默默地递给我一圆盒训练用的子弹，有 500 发。"

　　当我问到，在训练当中有没有觉得坚持不下去的时候时，朱启南对我说："其实运动员都是非常寂寞的，射击训练很枯燥，跟家人说，家人也不理解。自己承受的压力表达不出来，堆积的各种情感也无法释放。所以我在训练之余就看点科学类的书籍。"说起这段往事，朱启南的眼睛里充满着自信与坚持。

我听着既感觉愤愤不平，又为汤教练无声的爱护而感动："我觉得汤恭喜教练真的像你的恩人一样！"他看着我，重重地点了一下头。

之后，朱启南坚持了整整 1 年，不管是刮风下雨还是严寒酷暑，都雷打不动地训练。这样训练起来，朱启南确实提升很快，第二年暑期又有一次比赛机会，他主动向当时的教练申请给他一次参赛的机会，如果那一次比赛成绩不佳，那么他就决定结束射击生涯。我仿佛看到朱启南挺直的背脊，在这白杨树一样挺秀的身材中，蕴含着巨大而坚韧的力量。

"衢州江山的那场比赛我记得我打出了 585 环，60 发子弹满环是 600 环，这个成绩在我那个年龄段是不得了的。本来我的成绩就在 560 环到 570 环之间，所以这场比赛是决定我能否继续参加射击运动的至关重要的一次比赛。"看着他开心的样子，我为他这个令人惊喜的比赛结果长舒一口气。赛后浙江省射击队就开始下到各个地市挑选优秀的射击运动员。刚开始浙江省射击队的教练没有看上朱启南，觉得当时的朱启南太瘦了。汤恭喜教练请求省队的教练再给朱启南一次机会，用科学仪器测试他是否可以达到入选省队的标准。经过仪器一测，省队教练评价朱启南："没见过稳定性这么好的一个运动员。"

我笑了，说："真够戏剧性的，不过汤恭喜教练又一次做了你的贵人。"朱启南也笑着点了点头。

宝剑锋从磨砺出，梅花香出苦寒来

"我进入了浙江省体育训练二大队，就在古荡这里。一到省队，我才发现我和其他队员的差距还是挺大的，我觉得我能够打 585 环，已经很高了，但是跟省队队员一比，还差很多。他们当时大概都能够打到 590 环以上，而且很稳。所以当时我就在心里给自己定下目标：第一，成为同一批进来集训的运动员中的最优秀者。第二，不但要向老运动员看齐，还要超越他们。我感觉我出成绩，最主要的原因是，我的目标定位一直是清晰的。集训后的第一次内部考核我记得很清楚，我的成绩达到了 589 环，突破了历史成绩。经过 3 个月的训练，我的成绩就达到了594 环！"

"进步很快啊！你肯定是那一批集训的运动员当中最好的！"

"对，所以省队就把我留下了！"说到这里，朱启南冲我咧嘴一笑。

2003 年 7 月，朱启南前往上海参加全国射击锦标赛。那是他第一次踏上全国赛场，那一次比赛决赛时，除了朱启南，其余 7 人都是国家队队员。朱启南在比赛中拿到人生中的第一个全国冠军。国家队教练在比赛中看中了朱启南，觉得朱启南年轻，基础也比较扎实。随后就是雅典奥运会参赛选手的选拔，这个选拔有资格限制，获得全国锦标赛的冠军就有资格参加奥运会参赛选手的选拔。2003 年 9 月，朱启南到了北京，然后去参加选拔。那时候的国家队教练是朱晓波。那时朱启南完全是一种初生牛犊不畏虎的状态，教练对他说打出应有的水平就行，结果他在国家队打了三轮，根据成绩朱启南并列第一，如果不加积分，朱启南就是分数第一。成绩前两位的选手获得参加奥运会的资格，第三位是替补运动员。"挺硬气的，反正就按成绩，两个运动员并列第一了，那么只有排第二的人当替补了。"朱启南煞是认真地对我说道。

"2003 年 12 月 26 日，我到原广州军区的射击队报到。报到时，我看到以前的偶像许海峰、王义夫他们都在大院里，那时我已经算是国家队队员了，国家队没有固定的队伍，选拔一批就要淘汰一拨，不断地淘汰，流动性很强。那时我遇到了我的教练常静春，他是河北人，后来一直到我退役，教练都没变过。"

2004 年 2 月，朱启南第一次走出国门，去泰国曼谷参加世界杯射击赛，拿了冠军回来。随后他到马来西亚吉隆坡参加亚洲射击锦标赛，又拿了个冠军回来。

"射击的时候紧张吗？心跳会变得特别快吗？我在看你的几场比赛的时候，心脏都要跳出来了！"我终于忍不住问出了这个我想了好久的问题。

朱启南咧嘴笑了，说："紧张是正常的，像在决赛时，你说你看得都紧张，我们参赛者的心脏当然跳得也很快。所以我们要找到一定的规律让心跳动，要在特定的时间特定的环境下，让心情迅速平静下来，这就是我们要学的本事。射击最难的就是平静。还有就是高专注力。"

听到这里，我的钦佩之情油然而生。朱启南那深棕色眼眸像是最纯净的琥珀，透出一股童真，帅气的脸上挂着如阳光般灿烂的笑容。

小将到雅典，步枪生光辉

"对于在 20 岁就获得奥运冠军，一下子获得了全国的关注、全世界的关注这件事，你那时候感觉怎么样？"

"我蒙掉了。我去参加 2004 年雅典奥运会，纯粹就是为 2008 年北京奥运会做准备，先去感受一下这种氛围，了解奥运会到底是怎么回事。"

"所以当时你其实也没想到要拿冠军？"

"其实我在抵达雅典之前，根本就不了解奥运会是怎么回事。我去了奥运村，才知道什么是奥运会、什么是奥林匹克精神，但是我的对手打不过我们，当时我心里还是比较有底气的。"

我记得当年朱启南打最后一发的时候，举了两次。朱启南对我说，第一次感觉扣不出去，他就把枪放下了，放下之后他等了等，当时给他自己的心理暗示就是不要急，无非就是最后一发的事情，最后还是按照这个标准去做，千万不要着急。第二次举上去的时候，朱启南的专注和平静的感觉就回来了。

"打完这一枪你知道自己是冠军了吗？"

"还不知道。我不断向教练和工作人员确认：'我是第一名吗？'"

朱启南描述其当时的情景，恍然如昨："教练很肯定地比了一个第一的手势，我瞬间释放了。在上场之前，我和教练达成的共识，就是要做自己该做的事情。决赛我打出了 103.7，然后总成绩是 702.7。"

"103.7，这是怎么算出来的？"朱启南告诉我，决赛是 10 环里面再分为 10 个等分，大概是 9 根头发并列，把它们压缩在一起。尾数我们最高的就是单发 10.9 环。"此时朱启南那两汪清水似的细长眼，有说不出的明澈。

"获得奥运冠军后，纷至沓来的荣誉你是如何面对的？"

朱启南对此很淡然，他对我说了在温州老家的经历。朱启南获得冠军后回到温州，温州市的领导为他举办庆功会，庆功会上奖励他 40 万元，而朱启南得知温州市苍南县正遭遇历史上最大的一次台风影响，当时就做了一个决定，说要支持一下家乡建设，给温州体育运动学校捐 20 万元，以改善学校设施，10 万元捐给受灾的苍南县，10 万元捐给希望工程。"所以这 40 万元我 1 元都没拿。我觉得我做的每件事情都是有意义的。我是温州历史上的第一个奥运冠军，单单这个意义就无价了。"初登奥运赛场便射落一枚男子 10 米气步枪金牌，这次意外之喜让他一时间成为舆论热议的焦点，"神奇小子""超级天才"的名号也不胫而走。

枪入库，马出山，明朝重新再启战

提起 2008 年北京奥运会，朱启南充满遗憾。当时，几乎所有人都对朱启南有一种期待，觉得他肯定是冠军，毫无疑问。"北京奥运会那时候，特别是 2008 年 8 月 8 日开幕之前，我差不多有一个月没怎么睡好觉，压力太大了。我每天晚上就睡两三个小时，每天却感觉很精神，比赛期间应该说是具备了自己最高的水平。所以在最后我流下了倔强的泪水。"他至今仍甚是遗憾，对我黯然地说，"其实也是输在了赛前自己的一种心态上。"他抬起如黑曜石般澄亮耀眼的黑瞳，看似平静的眼波下暗藏着锐利如鹰般的眼神。

雅典奥运会和北京奥运会之后，朱启南又连续参加了伦敦和里约两届奥运会，但重返巅峰的梦想始终与朱启南失之交臂——最好的时光定格在 2004 年，这像是上天开的玩笑。

2012 年伦敦奥运会上，他一人身兼三项，最好成绩是 50 米步枪三姿项目的第五名。他打算就此告别奥运会，离开射击场。2013 年，他递交了退役申请："我很清楚，无论是身体还是心理，我的状态都开始走下坡路。"但后来，他又回到备战里约奥运会的队伍中："那时，我已经是一名老党员了，国家需要我，我就冲在前头。也许是因为不甘心，更加舍不得。"彼时，32 岁的朱启南已经过了射击运动员的黄金期。亚锦赛冠军、世锦赛冠军、奥运会冠军……他已经获得了射击比赛的大满贯，职业生涯很圆满。

"我入党是挺早的事情了。"雅典奥运会之后，他就萌发了入党的念头，"就算运动技能再好，对党的认识不够深刻，依然不是一个合格的运动员。"2007 年 5 月，他正式成为一名党员："身为党员，就应该起到先锋模范作用。在赛场上尽力了，我就问心无愧。要让年轻队员们看看，年纪大了依然还在拼，这就是榜样，这就是教科书。"

从小将蜕变为老将，朱启南的肩上更担负了传帮带的重任："老将的经验对于年轻队员来说是宝贵的财富。"国家队射击人才的梯队建设和储备不够，朱启南义无反顾地发挥榜样的作用，就像在里约奥运会上，如时任国家射击队总教练王义夫所言，朱启南的意义更多在于"在大赛中给年轻队员树立好的榜样"。

2017 年的全运会，是朱启南真正的谢幕战："我本来不想参加，但组织需要我。这个时候，作为党员，咬咬牙，也要上前线。"在 50 米步枪三姿靶场上，他打完最后一枪，转身，挥手，如释重负地笑了，就此封枪。从天才少年到老将榜样，朱启南一路走来，有过泪水，也有过欢笑。对于这一切，朱启南的一句"值得"让人会心一笑。他在退役时留下的话，很好地总结了他的运动生涯："人生岂能无求，求而得之，我自高兴，求而不得，我亦无忧。"曾经的他，是"神奇小子"，是中国射击的骄傲。如今的他，脱下战袍，收起步枪，完成了从运动员到管理者的角色转变。但那份运动员时期就有的认真和执着，始终如初。

朱启南 2010 年开始担任浙江省射击射箭自行车运动管理中心助理，2013 年担任主任，肩上的担子更重了。身份的转变，让朱启南思考得更多、更深，从努力去拿奥运冠军，到如今努力培养奥运冠军，在这个过程中，调整自己的定位与心态非常关键。2018 年 10 月，作为浙江体育界唯一的党代表，朱启南参与了党的十九大。作为一名优秀共产党员，他深知树立社会主义核心价值观的重要性。他一直为梯队建设殚精竭虑，为后面的几年甚至几十年做长远规划和铺垫工作。除了事业，朱启南最牵挂的，就要数妻子陈郑洁和两个可爱的女儿。

他用一双清澈的眼睛看着我，微笑说："'胜利不能使人完善，但不断地完善自我，能使你成为最终的胜利者。'这也是我一直遵循的一句话。"朱启南的眼睛里永远充满着自信与坚持，看着他的眼睛，好像就拥有了一种想要振翅飞翔的力量。与他告别时，天边晚云渐收，淡天如琉璃，甚是美好。

专访于 2019 年 4 月

拔山扛鼎化为石，智勇双全守初心
——专访举重奥运冠军石智勇

人物名片： 石智勇，浙江宁波人。2015 年荣获世界举重锦标赛 69 公斤级挺举总成绩两项冠军，2016 年在里约奥运会举重男子 69 公斤级决赛中获得冠军，2018 年世界锦标赛上 73 公斤级的抓举、挺举、总成绩包揽三冠，同时又创造了三项世界纪录。2016 年 5 月，被国家体育总局授予"国际级运动健将"称号。2016 年 8 月 30 日，中华全国总工会授予石智勇全国五一劳动奖章。

第一次见到石智勇，只见他脸庞棱角分明，五官如雕刻一般。一头乌黑茂密的头发，一对黝黑的剑眉，一双细长的眼，线条刚毅的嘴唇，匀称的身材，让我眼前一亮。他外表随性不拘，但眼里不经意流露出的精光让人不敢小看。从一双大眼呆萌的占旭刚到帅气阳光的石智勇，他们已经颠覆了我印象中的举重运动员形象。

"智勇，我们就坐在走廊里聊吧？"

"行！"智勇爽朗地一口答应。

石智勇（左）和本书作者（右）

少年相见不相识，初来乍到暗许愿

我们随意地坐在走廊里的凳子上，开始了这次采访。我侧头问："智勇是什么时候到我们浙江来的？"

"11 岁左右吧。我记得很清楚，是 2005 年 8 月 12 日，自己背着个蛇皮袋，装了几件衣服就过来了。当时被子都没带。"

"被子都没带啊！"

"是的。"

"到了宁波给你最大的感受是什么？"

"我到了宁波，第一个感觉就是浙江的训练馆条件这么好。我们以前的训练馆可破了，在里面训练，外面下大雨的话，里面滴答滴答下小雨。到了宁波，看到这么好的训练馆，我就暗暗对自己说，好好训练，要不对不起这样好的环境啊。"说着，智勇咧嘴笑了。

我被智勇这个纯粹的笑容感染，跟着笑了起来。

"到宁波队里的时候，你年纪还小，有没有想家？有没有不适应浙江水土？当时你父母亲怎么放心你这么小离这么远到我们浙江来训练？"

智勇侧头回忆了一下："他们也有他们的事情要做。当时好像没啥忧愁的，我离开家乡还是挺幸福的，毕竟看到这样好的训练场馆，是吧？还有因为人接触新事物还是比较兴奋的，尤其当时还是充满好奇的年龄。而且浙江这边训练环境这么好。其实我很孝顺的，但是你说想父母是真的没怎么想。我从小就是一个比较野的孩子，经常晚上去同学家住，今天去这个同学家，明天去那个同学家，生活上、性格上一直相对独立，所以不怎么想父母亲。周日我大概早上 7 点钟出门，跟着放牛的人出去，晚上 5 点钟回来。父母亲也很放心，知道在农村里丢不了。肚子饿了就到果园里摘两个水果吃，差不多可以说是放养长大的。"

看着智勇率真阳光的笑脸，我觉得非常亲近："你还真是纯天然长大的！"

"对对，我就是山里的一块石头。"

"怪不得大家叫你'石头'。"

我们两人不约而同地笑了起来。

精诚所至，金石为开

"石头，那你在浙江的训练过程中，有没有自己觉得特别困难，成绩上不去，想要放弃，犹豫彷徨的时刻？"

"我们竞技体育一般最难受的就是伤病，一旦出现伤病，停止训练之后，人还是会有迷茫的时候。"此时我们之间的空气开始有些沉闷。

"你最重一次伤病是什么情况？"

"感觉自己要完了！"

"是吗？"我仿佛听到石头崩裂的声音。

"我们举重练到一定年限的话，会有职业病，在 2009 年 4 月的一次训练时伤病比较重，腰椎间盘突出，当时的医生判断我这个情况是不能训练的，再练下去，要半身不遂，残疾的。这个诊断对我来说是致命的打击。那时年龄也小，休息了大概有半年。"

"这半年你是怎么熬过来的？"

"就一下子觉得是不是运动生涯要结束了。虽然我半年不能动杠铃，但是我每天还是尽量练上肢或者练腿部肌肉。"

我似乎看到漂泊在外的石头在那半年之内那种无言的苦涩和悲伤。

"其实你一直没有放弃，还是一直保持训练？"

"是的。"坚定的回答，我仿佛看到石头黑黑的剑眉上迸出一股英气。

"那么是什么力量让你坚持下去？"

"因为我从小离家远走浙江训练，所以觉得不练出点成绩很过意不去，更对不起父母！"此时石头的眼睛透亮透亮的！我仿若看到无数个黑暗的夜里，他独自在窗前徘徊，仰望苍穹里一闪一闪的星星。

"你觉得是产生了奇迹？"

"我坚信自己会好起来的！自己不愿放弃举重，已经练了五六年，我真的不愿放弃也不舍得放弃。我一直相信一句话：'越努力越幸运！'那时刚好全运会结束，我还不是重点队员。然后国家队有个队医王建成是针对重点运动员治疗的，很巧那天在我们浙江省队，知道我这个情况后顺带来治疗一下，然后他花了大概半个月时间，我就奇迹般地好了，真的！"石头的剑眉激动地上扬了。我也随着激动起来。

"我们家是中医世家，有时候医生过人的技术确实能创造奇迹。"

"可能是我一直不放弃就真的遇到贵人了，那时自己心里也是焦灼的，我还不是正式省队运动员，当时批准文件还没下达呢，那时连退役都不能算。"

"你现在还跟他联络吗？"

"会的！因为我觉得他就像我的一个救命恩人，挽救我运动生命的一个人。"

"我能体会，我曾昏迷14天后奇迹般地苏醒，感觉就像得到了重生，伤好后你有重生的感觉吗？"

"是的，当时我憋屈了半年，我觉得我有这能力。当时虽然年龄很小，才16岁，但是我一直坚信自己很有实力去比拼。只要给机会去比赛，我就是一头随时能进攻的老虎。"此时，石头那双炯炯有神的眼眸，散发着凛冽的气息，还有俯瞰一切的霸气。似乎如老虎般，只要它一声吼叫，整个森林便会颤抖，百兽皆会俯首称臣。

"2014 年也是我运动生涯的一个节点。"

"是再次受伤还是旧伤复发？"

"是再次受伤了，2014 年 3 月份左右，基本上训练都停止了，但我还是带伤参加了 4 月的全国锦标赛，成绩不是很好，是 340 公斤，但是获得了全国锦标赛冠军。这是为 2014 年 9 月参加亚运会争取资质。从比完赛之后我一直休息调整到大概 10 月。"听着听着，我都有些泪目了，我们总是看着他们获得荣誉的一面，其实这些荣誉的背后是如何的辛苦啊！"你当时是凭着一股怎样的力量？负着伤还要举起 340 公斤，那不是雪上加霜了？"

"比完赛以后就站不起来了！我再一次觉得自己会断送运动生涯。当时压力真的很大，我们成立了一个团队，占旭刚院长当时是我的指导，然后还有邵国强指导，我的几个教练一直陪在我身边。当时我确实思想已经动摇了，真的很难受，真的有点难坚持下去。当时带伤比赛是因为要参加 9 月的亚运会，比赛资质是拿到了，但因为伤根本就没办法参加。然后当时训练各方面压力真的也很大，因为大家本来就看不起我。"

"为什么会看不起你？"

"2014 年的时候才取得 340 公斤的成绩，但是当时我们的冠军是举 355 公斤，差 15 公斤的成绩其实差距很大。那时候真的会失眠，整晚睡不着觉。而且有伤很痛，心里又很着急。内心很煎熬！"

看着石头回忆这段暗淡的往事，我的心也沉了下来。或许每个人都会有一段异常艰难的时光，没人在乎你怎样在深夜痛哭，别人再怎么感同身受，也只有一瞬间。再苦再累再痛再难熬，也只能自己独自撑过。

"石头你可能对于自己身体的伤痛还可以承受，不能忍受的是自己热爱的体育项目不能训练了，对吗？"

"是的。当时各方面的教练领导都很关心，都进行评估。"

"你当时怎么没找王建成医生？"

"可能受伤的情况不太一样。到了 11 月我遇到了人生中的第二个贵人，康复师罗成帮助我做康复训练，我居然慢慢地好了起来。"

"这两次康复经历，你觉得都是你生命中的奇迹吗？"

"当时真的很不容易，就靠着内心一份执着，一个坚持，还有就是我一直坚信越努力越幸运。当你越努力的时候，越多的人会帮助你去创造奇迹，帮助你去成就梦想，成就事业。真的是这样的！我受伤 6 个月之久，恢复后虽然只训练了 5 个月，但是在 2015 年全国锦标赛中的成绩是 352 公斤，提高了 12 公斤！"

鱼知水恩情，幸福之起源

"我一直都有这个信念在里面，包括 2016 年奥运会的时候。为了备战奥运会，2015 年，我也在低谷，当然不是伤病，是成绩。因为我想提高自己的成绩，私自改变了动作，结果成绩没有提高反而下降了。那段时间很低迷。"

"你的成绩已经下降到什么程度了？"

"我在 2016 年奥运会选拔赛中的成绩是 350 公斤，当时的成绩低迷到仅有不到 340 公斤。"

"有想过放弃吗？"

"不可能说放弃的，因为那时候我已经是奥运会备选队员了，反正二选一吧。这个节点很关键的！奥运会那时候定的指标是 350 公斤，我和廖辉都有可能入选，但是当时我的备战成绩才 340 公斤，比他少 2 公斤。3 月中旬，占旭刚指导亲自来指导我，在最关键的时候拉了我一把，让我把动作恢复到原来，就这么拉了回来！占院是我的另一个贵人，他给人的感觉是很严肃，不好接近。其实他对我很好，他一直觉得我有这方面的天赋，从小开始培养我，每次到关键的时候，他总会用自己的方式鼓励我或是提点我。到了 2016 年 4 月全国男子举重锦标赛之后，我的状态就一直保持得非常好，实力在，慢慢地，我的信心就建立起来了，就这么一关关冲上去，一直保持到参加奥运会，最终举出了 350 公斤这个成绩。"石头笑了，很开心。我也笑了。

风雨之后终会见彩虹。人生，就像一次次弹跳，总有升，总有落，痛苦，伴着失败的哀伤，弱者往往会被打败，只有真正的强者才能书写出属于自己的历史篇章！

"当时你第一次参加奥运会，这么年轻，心态怎么样？"

"其实我心态真的很好，特别平稳。当时教练分析近几年所有的举重运动员的成绩资料，认为只要能够举出 350 公斤以上的成绩，可能就是奥运冠军。因为我觉得我训练真的很踏实很踏实，没有理由举不出 350 公斤以上的成绩。"

"我知道举重运动员的体重很重要。你当时是 69 公斤级的选手，为了控制体重是不是很艰难？"

"体重是不能超过 0.01 单位的，为了把体重控制在 69 公斤，前半个月我只能少吃饭少喝水，一天要称五六次体重，必须很精确，如果体重是 68.9 公斤，那是最完美的。"

"不到一点倒是没关系的吧？"

"对，就是你在 69 公斤以内就行，但如果太轻了就没有体能去举起来。最后我是维持在 68.8 公斤左右。比赛前的半个月左右基本上就开始严格控制饮食。"

"那天比赛的状况是怎样的？"

"我们中国举重连续三届蝉联了 69 公斤这个级别的世界冠军，所以我参加的那一届奥运，如果没拿到冠军，这个荣誉就断掉了。那年前几名队员都没举好，整个举重团队包括领导都很紧张。占旭刚指导比我压力更大，他把压力扛着，每天晚上睡不着，一个人在客厅里面抽烟。这事我后来才知道。我获得冠军有他的功劳，也有我家人默默支持我的功劳。"

"2016 年你拿了金牌之后荣归故里广西桂林，听说乡亲们放了 3 千米的鞭炮迎接你回家？"

"应该是在我们村口开始放，一直放到我家门口。那时家里来了好多人，我爸统计了一下，流水席有 100 多桌。父母是农村人，表达欢喜和爱的方式很是腼腆，我们彼此之间总是报喜不报忧的。为了不给我压力，父母除了 2012 年来现场看我比赛外，一直不来现场，怕影响我的成绩。2018 年 5 月我带全家人包括 91 岁的爷爷到北京玩，爬了长城。爷爷没怎么出过远门，当时他可高兴了。"此时的石头眼神充满温情，平时和家人极少相聚的他总是想方设法用行动表达他的孝心。

锲而不舍，金石可镂

"石头，你是上一届的 69 公斤级奥运冠军，你觉得自己还可以征战多少届奥运？想再拿多少次奥运冠军？"

石头看看我，眼睛明亮："先把 2020 年的这块拿下，看自己的状态，如果说石智勇可以再举 20 年，那不现实。自己会坚持多长时间？

我觉得2024年这一届应该可以坚持。现在的举重训练已经比较科学了，跟老一辈相比，训练环境也有很大的改善。以前的举重训练就是一个教练跟一个队员。现在科学训练，我们的运动寿命会很长，比如我现在，一个教练、一个助教、一个体能、一个康复，身边有4个人随时保障我。一不受伤，二练得好，三睡得好。我每天完成我的学业任务就可以，别的他们都会给我很好的保障。

　　"现在训练比较讲究科学，还会运用大数据来分析修正改善运动训练的方法。这是从国外引进的理论和训练观念，老一辈训练比较呆板，就是说这一周你怎么定就怎么练，无论状态好坏。在状态好的时候要你举这么多，在你状态不好的时候，还是要你举这么多，那就会对我们的身体造成比较大的伤害。现在训练跟以前不一样，调整是主动调整，而不是被动调整。状态好的时候就增加举重公斤数，状态不好有点沮丧时可以下调原定的举重公斤数，所以现在的训练方案是以我们运动员为主，整个训练计划都非常灵活。

　　"教练曾说'计划是死的，人是活的'，教练和队员沟通是非常关键的，以前感觉教练高高在上，教练说什么就是什么，现在不是了，现在大家商量着来，像谈心一样。体能是我们目前比较重视的一块，很多外教都来自美国、德国、澳大利亚等。这些外教将国外的体能训练理念引进来，然后配合训练，通过他们一个体能训练，一个物理治疗，能够很好地控制运动员的伤病。当一个运动员没有伤病影响的时候，他的运动寿命会很长很长。以前练肌肉我们只练大肌群，肌肉质量不高。现在除了训练大肌群，还通过体能训练方法去练很小很深层的肌肉。每天训练完，除了常规的放松按摩，还加入物理治疗，通过一个比较系统的检测，可以检测出你哪块肌肉紧张，可以针对性地去给你做这块肌肉的放松，让你在运动中不受伤。我们现在的举重运动员，外在形象跟 20 世纪 90 年代确实有很大差别。"

听到石头讲到外在形象，我笑了起来："其实你不提举重运动员的形象我还不好意思问，我们以往看到的举重运动员体形上会又壮又矮，但是现在包括占旭刚和你其实还挺匀称。这跟我们训练方法是有关系的，是不是？"

"是的。确实有很大的不一样，一个是现在的训练比较讲科学了，还有一个就是以前我们举重厉害的是小级别，体重是 52 公斤级到 56 公斤级，要举起这么一个重量，运动员相对就比较矮，比较胖。那在全国人民眼中，举重运动员就是又矮又胖了！我们现在中大级别起来了，身材就会比较匀称了。"

学道须当猛烈，始终坚守初心

"还深深记得 2018 年采访占旭刚院长的时候，他自信地对我说你是我们国内最有希望获得 2020 年东京奥运会举重冠军的运动员，面对师父这样的评价，你有什么感觉？接下来你有什么样的打算？"讲到师父占旭刚，石头唇边漾着令人温暖的笑容。当谈到打算时，石头眼里闪过一道亮光："压力很大，其实我师父他背负的压力更大，他现在是我们领导，也背负着维护国家荣誉的重任，学院要拿下好几块金牌。所以我跟他说我这一块拿定了，我包了！"

因为自信，石头拥有了成功的喜悦；因为自信，石头学会了从容不迫；因为自信，石头明白了要坚持守望。

"真的，话是这么说，但是压力肯定还是会很大的。奥运会毕竟是奥运会，它跟其他比赛真的是不一样的。因为它这个是 4 年一次，而且关注度是非常高的。像我们这个项目还是重中之重，当你自己觉得你必须拿冠军，压力也会很大。但是我觉得压力也是动力，练这么多年自己也深有感触，只要在平时努力训练，在训练中提高自己的成绩、自己的水平，那么出去比赛的话，就会很有信心，也不会那么紧张。在训练中不断地挑战自己。"看着石头那股自信，它不是无源之水、无本之木，我们的自信来自对祖国灿烂明天的信念，我们是时代乐章中的一个音符。

"我自己非常想在东京奥运会拿这个项目的冠军，怎么说呢，也是想在其他国家面前争口气，特别想听到国歌在东京这个地方奏响，看到五星红旗在东京升起来。对，是的！"

我看到石头眼睛里因自信产生的一股无比强大的力量——韧性！

石头自从 2015 年第二次伤情恢复以后，成绩就一路开挂了，2016年拿了奥运冠军，2017 年拿了全运会金牌，2018 年 11 月在世界举重锦标赛 73 公斤级上，以抓举 164 公斤、挺举 196 公斤、总成绩 360 公斤包揽三冠，并且全部改写世界纪录。"获得奥运冠军后，荣誉纷至沓来，那时候你会不会有点飘飘然？"

"没有！当时我就一直告诫自己，谦虚低调，做事认真！"

"石头，占旭刚院长讲你今年入了党是吧？你的初心是什么？"

"对，我入了党，我的使命是为国争光，这是我不能忘记的事情。因为奥运会很残酷的嘛，黑马也很多，所以对我这份成绩我时刻保持一个清醒，觉得要不断地告诫自己，不断提高自己水平，加大筹码去竞争这块金牌。"月光下的石头肤色白皙，五官清秀，帅气中带着一抹自信。

不知不觉，天空中繁星点点，周围已经蛙鸣一片。

这时有人在远处喊了一声："石头，占院找你！"

"哦，来啦来啦！"

"石头，再见，自己保重，祝福，加油！2020年凯旋！"

"谢谢，谢谢！你也保重，再见啊！"

石头似撼天狮子走路一阵风，忽地一转身，跳跑着就不见了！真是位率性的"石头先生"！

专访于 2019 年 4 月

枕碧仰看江山娇，劈波斩浪叶诗文

——专访游泳奥运冠军叶诗文

人物名片：叶诗文，浙江杭州人，中国国家游泳队运动员。女子400米混合泳和女子200米混合泳两个项目的奥运会纪录保持者。叶诗文是中国泳坛首位集奥运会、长池世锦赛、短池世锦赛、游泳世界杯、亚运会、全运会冠军于一身的运动员，是中国泳坛首个金满贯得主。曾获2012年度世界十佳游泳运动员、全国五一劳动奖章、全国三八红旗手、中国青年五四奖章等荣誉，是第十三届全国人民代表大会代表。

4月的一个傍晚，我在前往浙江体育职业技术学院的路上，雨突然大起来，一路少有人迹。雨水落在树叶间，惊起一片密集的声响。

到了学院的游泳中心楼下，叶诗文（小叶子）刚刚完成下午的训练走出来。一身蓝白的运动服，凝脂般的肌肤，一对黑色的眸子，颀长的身材，一头小麦色的秀发，有一种说不出的魅力。

"嗨，小叶子，我们又见面了。"我们是在3月底的一次活动中相识的。

"是啊，我们又见了，原来是你啊，叶子姐（我小名也叫叶子）。"

我们用一个拥抱，延续了重遇的美好。

叶诗文（右）和本书作者（左）

"我们就在这儿聊吧。"

"行。"

"小叶子，今天主要想聊聊你游泳中发生的一些故事。"

"嗯嗯。"

漾漾浮轻波，悠悠绽小荷

"你大概是什么时候开始接触游泳的？"

"我 7 岁开始练游泳，其实我是一个很内向很文静的女孩，但一到体育运动时就特别活泼。幼儿园里游泳教练正在招生，老师就对我爸爸说：'你女儿要不去试试？'就这样把我推荐过去了。当时我妈觉得多会一样本事也挺好的，万一以后掉到河里至少不会淹死，其他根本没想太远。但是去学之后，教练觉得我特别适合游泳，肩膀很宽，手臂很长，手掌很大。"小叶子张开手，展颜一笑，"因为这样能抓到水嘛！"

这时的天因为下雨有点灰暗，只见小叶子笑容灿烂，露出洁白的牙齿。

"我的脚也很大，现在有 42 码啦。"

"是吗？我才 35 码。"

我俩不约而同伸出脚丫子，然后相视一笑。

这时小叶子又笑着补充了一句："当然，我 7 岁的时候可没这么大。"

听了这句话，我忍俊不禁。

"7 岁的时候一开始在哪里学习游泳？"

"在陈经纶体校，启蒙教练是魏巍，我跟着他练了 6 年。"

"6 年都没换过教练吗？"

"嗯，因为觉得他很适合我，就一直坚持了。"

"你的教练和写《谁是最可爱的人》的作家同名啊，怪不得你成了最可爱的人，又能站在巍然山巅上了。"

"哈哈，叶子姐姐，你好风趣。"

"其实我们俩性格相似，陌生人面前，不大会说话，一旦熟悉了，就会开点玩笑了。"

小叶子点点头，很是认同。此时的小叶子一脸淡然，美丽而从容。

"你还记得你游泳方面第一次获的是什么奖项？"

"一个很小的比赛，在湖州，是第一名，在少儿组。"

"回想第一次比赛的时候，有没有紧张？"

"应该也会有些紧张，但是更多的是期待。"小叶子笑起来的样子最动人，薄薄的嘴唇在笑，狭长的眼睛在笑，眸子如湖水般清澈。

大浪大风何所惧，吾来浩歌恣游泳

"小叶子，你几岁进省队？进入省队后有什么变化？"

小叶子陷入了沉思："11 岁到省队，我是杭州的，每周都可以回次家。只记得我进省队前一天我爸挺严肃地问我：'你想好了吗？走了这条路你就没有回头路了。'当时我是很坚定的，不理解我爸为什么要这样问我，因为我都坚持 6 年了，难道这个时候说不去吗？何况游泳为我带来好多喜悦和成就呢！直到进省体校我才知道，白天大部分时间要训练，文化课很少。这时我才明白爸爸的苦心，他是怕我耽误了学业，担心我未来的发展，但又尊重我的选择，同时也是提醒我要坚持下去。"

听到这里，我默默感叹了一句，真是可怜天下父母心！

"2007 年 9 月我到了省队后，遇到了我人生中的第二任教练，就是楼霞。"

"你在第一年训练的时候有没有遇到一些困难？对这个新环境适应不适应？"

小叶子无奈地叹了口气，摇摇头，眼神委屈又不甘："完全不适应，因为我在业余体校时是所有女生里游得最快的，但进了省体校我是最慢的，而且不太适应这里的环境。我是一个很内向的人，不是特别会表达，所以当时内心没有办法接受现实。别人那样对我，我是不服气的，但我每次想放弃的时候就会想到我爸叮嘱我的话，'你是最差的，年龄又是最小的，要听话'，所以那个时候我每天都过得很痛苦。"

听了小叶子的自述，我仿佛见到一个躲在角落里的孤独的女孩子，她用双臂环抱着自己，无助又痛苦。

"那时教练肯定先关心'小星星'，刚进去时我只能靠自己努力才能让教练看我一眼，有时候真的有一种无望的感觉。爸爸对我说：'没有办法中的办法，必须靠成绩说话，你有了成绩，他们才会对你态度好起来。'那时我进省队快一年了，成绩一直不好，教练觉得我训练不够好，不够专注，不够用心。有一天楼教练对我说了很重的话，'你再这样训练我就把你退回去了'。这句话把我敲醒了。那时我已经12岁了，我对被退回去这个结果特别介意，那是件很丢脸的事情。"小叶子一脸不服输的表情，让我也握了握拳头。我们都是不服输的人，我们都是不甘平庸的人，我们不怕累，更不怕苦，最怕碌碌无为。

"我是个特别要强的人，每天都给自己定目标，开始发愤。我暗暗对自己说：'我要比你们游得快，成绩好，这样你们就不敢欺负我。'"

我好奇地问："那小叶子你是如何用行动改变的？"

小叶子眼睛熠熠闪光，对我说："我每天会给自己定一个目标，比如说游几组400米的计划，前面有好几个比我游得快的队友，我就跟住她们，一点点追上去，如果当天没跟上我会很难过，很努力很拼命。其实第一年都是在各种适应中度过，适应环境，适应心情，适应无助。

"拼命努力了两三个月，那时教练已关注我了，她已经发现我在努力、在改变了，也开始表扬我了。可是这时我在训练中受伤了！"

"怎么受的伤？"

"跳山羊的时候把脚踝崴骨裂了！要休息一两个月。"

"那时候你怎么办？'小星星'才勉强亮起来。"听到这儿我很着急。

"一点都不能正常训练，我还是每天来场馆训练。左脚不能练，我就练右腿和手臂，还有腰腹部，主要是练上肢的力量，但是我又出事了。"

"啊！"我惊诧出声。

"对，向上牵拉时突然耳鸣，然后我就失去意识，从上面摔下来了。那是在我脚受伤一周之后，简直就是祸不单行。之后我就没法练了，每天躺在家休息。"

"你休息了多久？"

"那时休息了两三个月，因为摔到脑袋，恢复起来特别慢。2009年休养回来以后我成绩恢复得挺快的，也找到了目标。你知道吗？特别逗的是我在国家队时的教练徐国义，他当时回省队，看到我训练，他还问妻子楼霞，这个运动员是不是走后门进来的，因为我连准备活动都被他们追过一圈。到了 2009 年，我成绩起来了，从全国前八慢慢到全国前三，2010 年拿到了全国游泳冠军。发愤图强之后我每次的计划都实现了，觉得自己争了一口气。"

"达标以后队友姐姐还会嘲笑你吗？"

"不会，她们对我的态度慢慢地转变了，我意识到真的只能靠成绩说话，只有自己强大了，才会赢得所有人的尊重。"此时的小叶子脸上充满自信的笑容，眸子闪亮！是的，小叶子的眼睛，乌黑深邃，像两汪清清凉凉的泉水。

"其实我看到有希望了，就会不断地去冲击，感到很迷茫的时候，消极的念头也会发芽。"聊着聊着，我越加发现我这个叶子和小叶子的性格非常相似，都是一给阳光就很灿烂，但是也会沉浸在灰色的地盘无法及时抽身。

丹霞含清风，游泳正当时

"拿了全国冠军之后，就进国家队了。"小叶子黑亮的眼眸闪了几下，"进入国家队之后，又是一个陌生的环境，又花了很长的时间才适应。那阶段是在 2010 年，我才 14 岁。在训练上，因为到了国家队之后你就会莫名地感受到压力，整个气氛更凝重了。在北京不能每周回家，没有家这个温暖港湾及时给我补充力量，有些不开心只能自己消化。其实最难受的是跟徐导训练。徐导觉得我是一个特别不努力的运动员，哪怕我拿到了全国冠军，他还是觉得我就是靠天赋，对我特别严厉。我自己觉得已经拼尽全力在训练了，但他永远只会说'叶诗文你训练得最差'。那时候打击很大，觉得很绝望。他每次一说重话，我真的是很难过，很玻璃心，到后来才能笑着面对。那段时间与其说很痛苦，还不如说徐导让我内心变得强大。一是离家远我只能靠自己；二是徐导每天这样批评，每天我还是顶着压力训练，时间久了，徐导那些批评也扛得住了。其实在这两年中，我每天都是泪水汗水加泳池水，对内心的磨炼是真的很不容易。"

幸运的是，小叶子后来的游泳之路走得比较顺畅，2010 年参加了广州亚运会，拿了两个冠军，200 米混合泳和 400 米混合泳。2011 年上海世锦赛，小叶子成绩又有提高。

"其实赛前还是有些状况的。"

随着我深入了解小叶子的过往，听到状况两字，倒变得一惊一乍了："什么状况？"

小叶子告诉我，当时因为疲劳而发烧，牙龈又肿起一个包块，去医院切开放血。虽然头重脚轻的，但还是每天训练，每天坚持下水。

"那比赛时呢？"

"我是留到最后一个 50 米的时候就想着冲过边上那个对手，离 15 米时我已经冲在前面了，想着没到终点就还有希望，任何奇迹都有可能出现，我决定试一试，就拼了命地往前冲，然后将从外教这里学到的最后 5 米憋气憋住到了道边，最后我赢了 0.01 秒，以 2 分 8 秒 90 拿了冠军，真的就是快了 0.01 秒。"此时小叶子双眸闪亮，我都兴奋起来，仿佛自己也在比赛现场。

"哇，提高一点点都不容易啊！"

小叶子首次参加世界级大赛第十四届国际泳联世锦赛，就摘得金牌。这是"95 后"泳坛新星首度登上世界大赛冠军领奖台，小叶子也成了 1978 年以来最年轻的游泳世界冠军。小叶子觉得自己很幸运，从全国冠军、亚洲冠军到世界冠军，一路都很顺利，好像有奇迹。

迷蒙的雨雾渐渐散去，灯光下，一只黑白羽翼的鸟扑棱棱掠向空中，留下几声清啼。

"现在回想起来，这块金牌的意义真的很大，它是我运动生涯的转折点，意义甚至超过了奥运冠军。"我知道，这个成绩让小叶子获得了奥运会比赛资格。

"我是双鱼座，特别爱幻想，什么可能我都会想到，因为我觉得我的世界里是没有不可能的。奥运会前我们到了伦敦，为了倒时差在巴斯大学里面适应训练一周左右，我觉得睡眠不好影响特别严重，体力不好，精神也不好，每天训练只能靠意志硬撑。我之前在昆明的两个月就是这么过来的。偏偏我对时差特别敏感，刚到伦敦那天晚上，可能晚上11点半睡的，凌晨4点就醒了，很崩溃，就在房间里哭。心里着急，比赛了我不能睡得太少，不然肯定比不好。不过发泄一下也挺好的，后面慢慢就好了。进了奥运村之后就感觉到紧张的气氛了，因为我第一天就有项目，400米混合泳。第一天的预赛游得很好，我又长成绩了，是4分31秒。之前亚运会冠军的4分33秒是我的最好成绩，而且我没有尽全力，可能就是用了95%的力量，还剩下5%，还有一点余地，想着下午能不能再拼一下。"我满眼心疼地看着小叶子，这得要多强的意志力才能支撑起这份信念。我一边用笔拼命记录，一边和小叶子一起穿越到伦敦的比赛现场。

"下午的决赛其实我特别紧张，因为是第一次参加这样大的比赛。有个队友跟我一起进了决赛，感觉稍稍好一些。一方面是紧张，另一方面是觉得太累了，担心自己没有意志力把400米混合泳这个项目拿下来，觉得在游的过程中可能会想放弃。去检录时我就很紧张，想哭，想逃。那时年龄又小，去面对那么大的赛场，像上战场一样，要代表中国比赛，身上真的有很重的担子。教练不停地开导我。他说：'你没什么好紧张的，所有人都是高手，你就跟他们玩玩，你那么小你怕什么，没有人会把重点放在你身上。'这些话当时让我缓解了很多，我觉得轻松多了。

"预赛时我是第二名进入决赛，用了95%的力量。决赛时我要花100%的力量去游完。决赛时，我仰泳慢了，跟对手差一个身位。当时心里有点着急，到了蛙泳的时候就想着注意技术。比赛前我们的领队跟我说了一句话，他说其实结果已经注定了，全看平时训练的积累。没经历过那个时候你真不知道，脑子里会一下子闪过很多念头。蛙泳的时候我什么都没想，就是专心地游，就发现自己游到第二了。自由泳的时候，像以前的战术，100 米自由泳要到后 50 米才发力。我觉得不能错过这次机会，离终点 100 米左右进入自由泳阶段时我就发力了，结果游了 25 米就把她'干掉了'。很怕对手追上来，又怕自己后面体力不支，我就拼命地往前游，想着不能被她追上！然后就把她越拉越远。比赛有 8 条泳道，我一边换气一边转身往那边看，没人，但还是怕后面有人追上来，就拼命往前。我一直在想不能减速，越到后面越要顶住。等确定了自己是第一名的时候大概还剩 25 米，当时就很激动，我想我能拿奥运冠军了，然后就越游越快，最后 15 米才打破世界纪录（看回放时知道）。到池边后看到一个尾数是 8，我想 4 分 38 秒也太慢了，不可能拿冠军。游完很累，当时脑袋是蒙的，没有反应过来。我队友拿了第三名，很为她开心，然后我们俩就抱在一起！抱着她都想哭，当时还不知自己破了纪录，喘了口气之后我再看一眼，4 分 28 秒 43，居然打破世界纪录了！瞬间眼泪就收回去了，直接笑着向中国观众那边挥手。当时最想做的事情就是跟徐教练分享比赛细节，见面后我们就拥抱，真的是很开心，真的是太不容易了！

　　"400 混比完之后按理说应该放松下来了，其实反而更有压力，因为本来外界对我是没有那么多关注的，但是我打破了 400 混的纪录，外媒就对我有些质疑，就觉得本来 4 分 37 秒的成绩，怎么可能一下子提高近 10 秒。他们忽略了预赛时 4 分 31 秒那个成绩，就拿这件事情做文章，幸好那个时候我年龄比较小，刚开通了微博也不怎么看，不知道外界对我的评论，外媒的质疑对我并没有什么影响。我爸还给我打电话说你不要去听那些声音，我说什么声音？都没听到。"

我看着小叶子的眼睛说："其实你爸爸是想把你保护起来，不想让你受到影响。"

"是的，所以真正影响我的是 200 混决赛比完得了冠军，成绩是 2 分 07 秒 57，又打破了奥运会纪录。有媒体就直接问我是不是使用了兴奋剂，我当时比较腼腆，胆子也没这么大，没想到怎么回应，就斩钉截铁地说了一句：'我绝对没有使用兴奋剂，中国人是清白的！'"

恰风华正茂，而今迈步从头越

"2012 年到 2016 年期间是我的又一个低谷。可能是给自己太大压力了，2012 年拿两块金牌之后，2013 年就觉得每次比赛必须拿金牌，不拿金牌就对不起大家，对不起教练的付出，对不起家人。那时候有一些光环卸不下来的心态。因为当时身边没有一个真正能够在心理上辅导我怎样应对光环之后的生活的人。"听了这段自述，我陷入沉思：小叶子的少女时代如霓虹灯般绚烂，却逃不过繁华背后的落寞，别人不懂她微笑背后的忧伤。每一次比赛她都会给自己心理压力，恐惧感就来了，比赛中一旦落后，她心态就崩溃了。

在那种糟糕透顶的状态下，2013 年小叶子的成绩从巅峰摔到了谷底。小叶子无奈地说："其实不是我游泳能力的问题，是比赛时的心态问题。一直到 2015 年才稍有好转。其间我爸给了我很多信任，他对我说：'你所有冠军都拿到过，即使说到底就是退役了，也没什么遗憾的了。'而我自己也一直在慢慢地找办法去克服它！关键是我没有放下自己的冠军光环，根源问题没有解决就不行。"

"所以说想解决任何问题都要找根源。"

"是的，我那时始终想证明自己，压力越大反而越难成功。2015年我训练的时候脚扭了，脚腕做了手术，休整了大半年。到奥运会赛前有氧基础没有打扎实就直接上了强度训练。奥运会的200混半决赛游得其实还可以，2分9秒多，再提高0.12秒的话，决赛前三就有了。但决赛时我又犯了一些比较低级的错误，比如泳镜翻了弄进水导致看不见了，其实包括体能、心态还是不太好，心里的'余孽'还在。"

小叶子到2017年才慢慢地卸下了光环心态，在2017年第十三届全运会女子200米混合泳决赛中以2分10秒91的成绩摘得桂冠，重新站立在全国之巅。在2017年全国游泳锦标赛上，以1分9秒26夺得女子100米蛙泳冠军，以2分26秒97夺得女子200米蛙泳冠军。

全运会之后小叶子去清华读了一年书，我也采访了她对这一时期的感受："感觉怎么样？"

"就是换一个环境，心态上调整一下，那时候接触了体育之外的人，每天维持训练，队友的每场比赛我都会看，感觉还是离不开这个集体。因为热爱它，所以要重新追逐这个梦想。2018年我申请休学后归队了，成绩也慢慢恢复。"

"回望你的故事，其实你是代表'95后'的，你想对正在遭遇一些挫折或迷茫的'00后'说些什么？"

"首先就是要明确自己的目标和理想。我觉得，不管你低谷有多深，都不能失去自信！"

告别时，雨又倾盆，我坐在车上，看着窗外这个纷繁的世界。每个人都有自己情有独钟的事物，小叶子也不例外。游泳，就是她心中跳动的音符。幽远的思绪中，又出现那泳池中的水声，小叶子如跃动的精灵，正在演绎劈波斩浪的打击乐，那是一段宏伟的乐曲，诠释着小叶子风华正茂的游泳生命力！

专访于 2019 年 4 月

江南有钰源，凌波常微步
——专访奥运会女子体操团体冠军江钰源

人物名片：江钰源，广西柳州人，中国女子体操队原队员。2004年进入国家队。2007年体操世界杯上海站获高低杠、自由操冠军。2008年4月，任中国女子体操队副队长。2008年体操世界杯多哈站获自由操冠军，高低杠亚军。2008年8月，第29届北京奥运会获女子体操团体冠军，2010年10月，任中国女子体操队队长。2010年10月，荷兰鹿特丹体操世锦赛上获团体季军，个人全能亚军。2011年体操世界杯根特站获高低杠亚军。

江钰源是一个全能型选手，各单项都达到了世界级水平，自由体操是她的强项，在跳马项目中掌握着全世界难度最高的踺子后手翻直体900°技术，平衡木的难度也达到了世界第一的水平。2013年退役。曾获得全国劳动模范、浙江省青年五四奖章、浙江省三八红旗手等荣誉，积极参加社会公益活动，与其他奥运冠军、世界冠军联合发起了"光明计划"扶贫项目。

江钰源

在西溪畔见到江钰源时，她穿一身黑色休闲服，一股灵动之气扑面而来，黝黑的眼睛扑闪扑闪地仿佛会说话。我们随意地坐下聊起来。

十年磨一剑，霜刃未曾试

"我小时候非常好动，像男孩子一样，喜欢爬树，一度被父母认为有多动症。吃饭也不老实，所以特别瘦小，父母想让我强壮一点，恰巧我小时候所居住的小区的邻居是李宁大哥的亲戚，他就建议父母把我送去体校练体操。"

"那时你几岁啊？"

江钰源侧着头，笑得眼睛弯弯地对我说："才 3 岁多吧。"

"这么小啊！"

"是啊，我很小就开始练体操了。两年后，在我的启蒙教练杨国秀推荐下，我进入了广西体育运动学校。一年之后，又被选入广西体工大队集训，但集训一个月之后，广西体工大队的教练认为我的身体素质还是达不到他们的要求，于是又把我退回广西体育运动学校。"

"那时你失望吗？"

"我倒还好，因为岁数小，也并不理解这个被退回的含义。"

"倒是我爸爸很受打击，当时我爸还想让我放弃练体操，回到柳州专心上学。我的启蒙教练杨国秀劝了我爸，他才勉强同意让我留下来，继续等待机会。"

"那你是哪一年到我们浙江的呢？"

"我和浙江特别有缘分。我 8 岁那年，浙江温州市体育运动学校到广西招人，温州市体育运动学校校长谢益中和浙江省队体操教练看中了我，我就来到浙江省体操队训练。2002 年，我代表温州队在浙江省省运会上获得了金牌。2003 年底，我参加了国家体操集训队一年一度的大集训，幸运的是，由于我在集训中的表现，2004 年初我被选入国家体操集训队。"看着欢喜的江钰源，我想，是金子总会发光的！

"无论在训练过程中碰到多少困难，我们只能选择坚持，因为我们心中都有目标，就是拿到奥运冠军这个最高荣誉。"当 2008 年奥运会中国女子体操队拿下团体冠军时，看着江钰源白皙的脸庞上凝重的神情，我觉得运动员自小离开家庭，为了祖国的荣誉奋战，真是太不容易了。

"在这么多年的体操训练生涯中，你对教练有哪些印象深刻的事？"

"我的启蒙教练是杨国秀、邓岚，1999 年进入浙江体训一大队，教练员是徐惊雷、王明友、朱毅斌、俞卫青。2004 年进入国家队，教练员是熊景斌、张霞。

"熊导带了我 9 年多，张导带了我 8 年多。"江钰源陷入了回忆，"张导比较'凶'一点，我退役后去体操馆，还是会把手机调成静音。虽然她比较'凶'，但我非常尊敬她。我的另一位师父熊导也非常严厉，平时不爱笑。熊导不光教我训练，还教我为人处世的道理，因为我真的很调皮，总是惹熊导生气。"以前训练时，两位教练一般叫她全名，偶尔叫她"源源"，就意味着教练对她的训练满意。"那个时候我就十分开心，训练起来特别带劲。"她说着话，眼睛像一双小燕子，在潋潋的春水上打圈儿。

自信融融乐，无虑盎盎春

从 2007 年开始，江钰源进入巅峰时期，在国内外大大小小比赛中获得多枚奖牌，最辉煌的一战无疑是 2008 年北京奥运会，在"家门口"拿下女子体操团体金牌。

"你上场前想的是什么？"

"那时候我才 17 岁，可能因为还比较小，这种冲击力就比较大。其实在每一场比赛前，特别是团体比赛，上场之前我会用很坚定的眼神鼓励自己，并且在心里默念'我们是冠军，我们一定可以拿到冠军'。那个时候很有自信，想拿第一的愿望还是很强的，就是不管怎么样，一定要成功！"

"是用这样的方式给自己打气，对不对？"

"对，我是一个比较会给自己心理暗示的人，如果这件事情我觉得自己可以做好，我就一定会努力地把它做好。过程可能会比较困难，会遇到很多问题，这些都是正常的。"

我深深地点了点头："我记得你自由操那场比赛给全国人民留下了非常深刻的印象，音乐非常喜庆。'掀起了你的盖头来，让我来看看你的眉，你的眉毛细又长呀，好像那树上的弯月亮……'你怎么会想到用这样喜庆的音乐去完成这套动作？"

"这个音乐其实是舞蹈老师给我选的，当时舞蹈老师把我叫过去，他说你会动脖子吗？我说我会，然后他就给我选了这个音乐。"

"你的气质和爱笑的神韵非常适合这首配曲。"

"其实比赛的时候脑子里是空白的，因为人太多了，音乐都听不到。"

"那你其实是按照自己的节奏去完成整套动作的？"

"对的。"

"哇，完全靠自己把握节奏，太厉害了。"我不禁竖起了大拇指。这恐怕是江钰源一生中记忆最深的歌曲。2008 年北京奥运会，在一曲《掀起你的盖头来》的伴奏下，她以近乎完美的表现完成了自由操项目。

"当时团体比赛自由操结束之后，你是不是心里已经有谱了？"

　　"也不能说完全肯定，因为程菲最后一个上场，前面因为美国队队长的失败，所以我们又有了机会，只要保持我们的正常水平，就可以拿到这块历史性的金牌。"最后她那张力十足的亮相动作也成了中国奥运史上的经典一刻。

　　说起 11 年前的夺冠夜，她的心情依旧不能平静，笑得灿烂如花，双眼顾盼生辉，美丽极了。"最激动的时刻就是程菲姐的自由操结束动作做完的时候，亮相动作一出来，我们就欢呼了，因为我们知道金牌是我们的了。一直到晚上睡觉都在激动，睡觉的时候，都还在想金牌该放到哪里。"我也听得激动起来。

　　团体赛的成功夺金让江钰源倍感满足，但回顾起那届奥运会，她也有些许遗憾，因为她在伤病的影响下与全能赛的金牌失之交臂。

　　"当时我的全能倒也没有定目标说一定要拿金牌，只是说拿出冲金的状态去试一试。但结果大家看到了，我当时有一些老伤病，状态并不是最好。在比赛前一天我的两边肘关节打了封闭，比赛的时候虽然不疼了，却用不上劲，在跳马做踺子小翻 900° 时直接躺那儿了，导致跳马这个项目失败了。"日复一日的枯燥训练，磨炼了她坚强坚韧品质的同时，也带给了她大大小小的伤病折磨，但这一切对她而言，几乎是不值得一提的小事。

　　"这一切都是我理应承受的，既然选择了一条会给身体带来伤病的路，那就势必要默默承受。"江钰源平静坦然地说。已经告别高强度训练的她，并没有对那些年所受的伤有什么抱怨。尽管对过往的伤病大大咧咧似无所畏惧，但江钰源还是不自觉地放缓了语速。是啊，记忆中那十几年的严寒酷暑、不断伤病、失败低谷……又怎能如此轻易被抹掉呢？所幸，结果是美好的，欢笑与泪水，浸染了时光，此时此刻，江钰源回首登上领奖台的光辉时刻，伤病折磨似乎亦是幸事了。从那双笑意盈盈的眼睛里，我看到了一个充满喜悦、欢乐和幸福的世界。

中国女子体操队在 2008 年北京奥运会的辉煌后，由于新老交替等原因陷入了一段时间的低谷，江钰源在这段时间内扛起了大旗，担任女子体操队队长。她不仅要在训练中起到带头作用，也要无私地帮助队员们解决困难，给小队员们加油打气，还要克服经年累月训练留下的累累伤病，咬牙坚持去拼各种比赛。

"我特别想知道，当了队长之后，你有什么改变吗？"

"其实队长就是一个身份，就是要起一个带头的作用，比如说，训练上有队友碰到困难，或者说心理上碰到一些困难，我会尽量去帮助她们。"她的眼睛中闪烁着光彩，明澈又庄严，像冬天的阳光一样明亮。

锲而不舍，金石可镂

2013 年全运会后，江钰源选择退役，走进校园。因为骨子里对体育的热爱，她选择就读于浙江大学运动训练专业，本科毕业后进入北京体育大学攻读硕士学位。22 岁，对于很多人而言，正是大学毕业开始积累社会经验，准备大展抱负的时候，但对江钰源来说，这是她转型的阵痛期。从运动员转向融入大众生活，从国家队事事有人操心、生活有人安排到所有事情都需要亲力亲为，这样的转变一时间难住了她。从小训练的她学习底子薄、基础弱，在学业上需要花更多的时间去"补课"，所以谈到自己的大学生活时，江钰源表示唯一的任务就是学习，运动员经历带来的执着心态让她忘我地补习着。江钰源笑着对我说："活到老学到老嘛。"

"当时你适应学习环境吗？有困难吗？"

"其实我觉得我适应得可能还算比较快。刚进去读书的前几个月，我会觉得有点困难，因为我们训练了十几二十年的体操，没有系统地去学习。当我再回到校园的时候，我突然发现我们运动员跟普通的学生非常不一样，差得其实还蛮多的，但是大概过了半年以后，我慢慢也能够比较融洽地跟同学沟通，有不会的地方就去问同学。"

"作为一个公众人物，同学们会不会把你当成明星？"

"我不在学校住宿，所以业余时间不常在学校。学习上的困难肯定不少，在当运动员的时候，我缺失的知识实在是太多了，需要花很多的时间补，学习本来就是无止境的。"

"给自己将来做了规划吗？"

"反正离不开体育两个字。体育是我的根，不管做什么，我肯定不会离开体育。希望自己能够多学习吧。"

作为奥运冠军，她并没有忘记回报社会。还在当运动员时，她就热心公益，退役后也没有落下公益事业。她先后参加过多个公益活动，比如前往甘肃山区精准扶贫，帮助那里的人们改善生活，等等。她想通过这些活动将奥运精神带入贫困家庭。

"你怎么会想到做公益的？"

"我希望通过自己微不足道的力量去帮助自己能够帮到的人，不管有多少，都希望尽自己最大的力去做。还在训练时，我就在想，如果有一天我有钱了，我就可以去帮助他们，因为我自己就是普通家庭出身，更希望能够用我微不足道的力量帮助他人。"

"能具体介绍一下你的公益项目吗？"

"我跟队友一起做了一个'光明计划'，到山区去，比如说甘肃那些条件相对差的地方，给他们精准扶贫。他们真的很辛苦，我看到了两个孩子，一个是爸妈都出去打工，只能跟着爷爷奶奶生活，另外一个孩子的父亲很早就去世了。我觉得我们现在生活越来越好了，可以尽自己的一份力，让他们也生活得温暖一些。"

"他们心态如何？"

"我觉得他们心态还蛮积极乐观的，没有很沮丧，而且他们很懂事。"

"他们最希望你们给他们带去什么？"

"他们会希望我们去给他们讲课，还希望学习我们运动员的精神，学会坚持不放弃。因为我们每天都在训练，如果选择放弃，那多年的辛苦训练就白费了，所以我们不管碰到什么样的困难，依然要坚持。"此时江钰源的眼睛如秋日晴空一般明净。

"体操或者说体育给你带来了什么？"

"我练体操练了差不多有 20 个年头，觉得体育对我来说是能够锻炼我的意志力的。现在我经常会说，除了练体操以外，别的事情都不是事情，因为近 20 年这么辛苦都能坚持练下来，还有什么事情可以难倒我呢？"看着她灵动又充满坚定的双眼，我想，假若没有这样的一对眼睛，就显不出她最灵魂的一面了。

"体育给我带来两个能力，一个是让我有很顽强的意志力，一个是让我坚持做一件事情的能力。"

"这两种一般人不一定拥有的能力，对你而言这一生都会很受益，对吧？"

江钰源重重地点点头："会。真的，在退役之后，我经常去学校做演讲，讲体育精神。我觉得体育带来的东西其实非常多，特别是精神上的力量。退役以后，关注社会的时间更多了点。听到有的学生可能因为承受不了压力，做了一些伤害自己的事情，或者是结束生命，我觉得非常可惜，可惜他们没有接受挫折教育。在练体操的十几年里，我真的觉得人类的意志力是非常顽强的。不管怎么样，不管遇到什么事，我们都能够以一个好的心态去面对。其实我觉得人类很厉害，能够挑战自己，挑战所有不可能。"我也认同地点点头。

"马上就要举办东京奥运会了，对于现在的中国体操队，尤其是女队有什么期待吗？"

"现在更新换代非常快，而且离比赛时间也很近了，希望中国体操队，特别是女队能够发挥自己的水平，因为赛场上其实很残酷，你不知道会发生什么情况，也许你可以实现梦想夺得金牌，也许你有拿金牌的实力但没有发挥好而得不到金牌，所以我还是希望他们能够保持良好的心态，把最好的一面展现给大家。"此时她的眼神柔和又温暖。

"对于浙江体育包括你的后辈，你有些什么样的期待和祝福呢？"

"希望我们浙江的体育能够越来越好，再创辉煌。咱们国家现在已经越来越好了，所以我觉得我们更应该进一步，努力为国家做更多的贡献。"她那一双泉水般纯净的眼睛里，含着柔和的光亮。

在西溪湖畔，和江钰源匆匆告别时，我们拥抱了一下。回首西溪小舟上的江钰源，她有近20年是与体操、与体育为伴的，体操、体育早已深深烙进她的人生。尽管有时她会打趣说"练体育太苦"，但转过头，她同样会说，"但是呢，可以先有苦再有甜，比赛出好成绩就是甜啊！"西溪水声清灵，我的耳畔也一直回响着她清脆又坚定的声音："体育是我的根。"

专访于 2019 年 4 月

第三篇

雕刻時光

探初心未改

城市的"孺子牛"
——专访党的十七大代表、全国劳动模范孔胜东

人物名片：孔胜东，浙江杭州人。1982 年参加工作，先后做过机修钳工、乘务员、驾驶员，现为杭州公共交通集团有限公司第三汽车分公司 28 路 3-9576 号车——共产党员责任车、杭州市劳动模范文明示范岗司机。2000 年，获得全国劳动模范荣誉称号。2015 年，荣获全国道德模范等荣誉称号，并当选为党的十七大代表。现任杭州市总工会副主席（兼职）。

　　一个周六的晚上，我赶到杭州百井坊巷，却发现不知道孔胜东的摊位在哪儿。我问一个正好要过马路的阿姨，阿姨抬手一指："你找孔胜东啊，喏，马路对面红色横幅后面就是。"我抬头往对面看，果真，看到了红色横幅"杭州公交孔胜东志愿服务队"。过了马路，我见到一位弯着腰正在忙活的有点年纪的师傅。我叫了一声孔师傅，孔师傅抬头跟我问了好，不好意思地说他有些忙。我尽量不影响他修车，随着他的身影或蹲或站或弯腰地聊了近两小时。

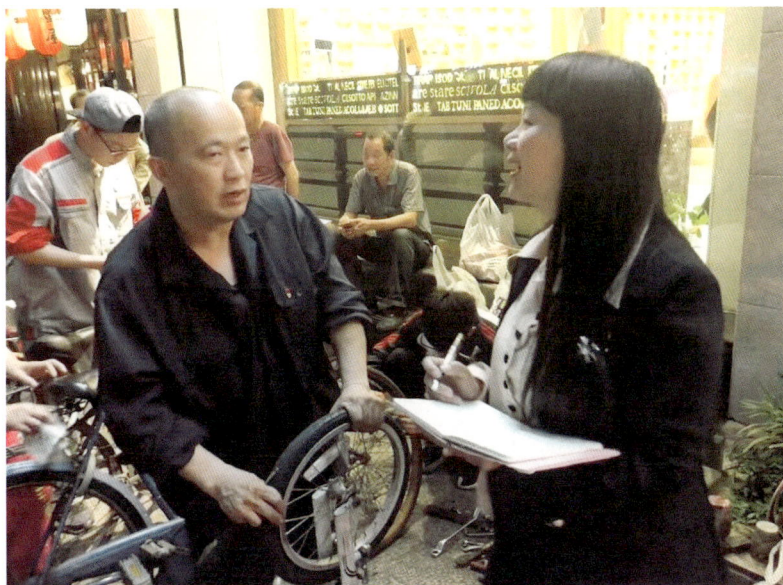

本书作者（右）采访孔胜东（左）

螺丝不锈色常新，平凡小事成巨擘

1982 年 6 月，孔胜东的第一份工作是杭州公交大修厂的机修钳工，他一干就是 10 年。当时机修钳工的生活很有规律，乘务员和驾驶员一个月却休息不到一天。20 世纪 90 年代，改革开放的大潮中，很多乘务员和司机下海了。当时孔胜东连打 3 张申请报告，要求去做乘务员，领导还以为他一时冲动，因为在机修钳工、乘务员、驾驶员这 3 个工种中，机修钳工是最能保证周末和节假日的休息时间的。领导找孔胜东谈话，劝他，伴生不如伴熟，机修钳工已经做了 10 年，换个环境又累，又不一定适应。孔胜东说自己是动力车间团支部书记，又是省学雷锋标兵，理应为公司和群众多做一些，不应该在"舒服"的机修钳工位置上，再次极力要求去一线。于是，1993 年 1 月，孔胜东踏上了 28 路 3-4808 号公交车。那个年代的乘务员大部分是女同志，因为这个岗位需要耐心细致一些，而男人一般比较粗枝大叶，所以孔胜东一开始压力挺大的。但结果是好的。孔胜东做了 4 年售票员，其间，没有一次卖错票或找错零钱，他也经常提醒乘客到站信息，提醒乘客要具备防范意识。那几年几乎一个月就休息一天。1996 年 8 月，杭州率先实现了无人售票，所以他申请去学公交车驾驶技术。1997 年 8 月，孔胜东成了公交 28 路的一名司机，一开就是 20 多年。

爱心驻车如家好，报国诚身各自行

10 年的机修钳工经验为孔胜东在修理方面打下了扎实的基础；4 年的售票员生涯，为孔胜东在服务乘客和理解乘客方面渗入了爱心的因子。在年复一年的行车中，孔胜东始终坚持"热心、真心、诚心、爱心、耐心"。针对不同年龄、不同层次乘客的需求，他有的放矢地做好服务工作。为了方便乘客，特别是外地乘客的出行，孔胜东在车厢里为乘客提供自己设计制作的沿线导游图和车辆转乘示意图，车上的"为民服务箱"里常备晕车药等常用药品和扇子、雨披等物品，为需要帮助的乘客排忧解难。从 1999 年 6 月开始，他还在自己驾驶的车辆上放了茶水桶，每天在家里把水烧开带到车上，供乘客免费饮用。11 年里，孔胜东自费购买一次性茶杯 7 万多只，茶叶 60 余斤。2000 年赴京参加全国劳动模范表彰大会回来的第二天，孔胜东办的第一件事就是赶到中山中路羊坝头炊具专卖店，自费 320 元买了 1 只不锈钢茶桶，将旧茶桶换下来。这项服务，孔胜东一直坚持到 2010 年 8 月公交车装上直饮水机为止。2006 年 7 月 1 日起，他又在车厢内推出免费阅报活动，每天自费购买各大报纸，如《人民日报》《浙江日报》《杭州日报》《钱江晚报》等放置在醒目位置，供乘客乘车时阅读。他从事驾驶员工作 21 年来，行车将近 80 万千米，从无违章记录，从未发生交通事故。孔胜东先后收到表扬信（电）4000 余件，没有收到一件投诉，乘客们亲切地称孔胜东驾驶的公交车为"乘客之家"。为乘客提供温馨服务的同时，孔胜东还充当了"反扒"志愿者。在 28 路车上工作的 25 年中，他共为乘客找回钱包、手机数百个，挽回损失折合人民币数十万元。

老吾老以及人之老，幼吾幼以及人之幼。孔胜东说："乘客来自五湖四海，乘上 28 路公交车就像到了自己家里一样，让大家在杭州乘公交就像在家一样舒适。对老年人，把他们当成自己的父母亲，中年人就看成自己的兄弟姐妹，青少年则当成自己的孩子。这样社会就和谐了，也文明了。"孔胜东给乘客亲人般的关爱，乘客们也回报给孔胜东亲人般的关心。每到植物园站时，上车从灵隐寺回来的乘客总会送给孔胜东几个苹果等，祝小孔身体健康，开车平安。有些感情用金钱是买不到的，这大概就是其中一种吧。

新旧交替的公交车见证了改革开放 40 多年来的时代变迁，也留给孔胜东难忘的回忆。倡导礼让斑马线，排队上车，推出扫码支付、公交App，主城区新能源公交车覆盖率达到百分之百……而今，孔胜东驾驶的"孔胜东学雷锋专车"就是纯电动车。"杭州公交斑马线让行已经全国闻名，这也让我们公交人感到非常自豪。"28 路公交车穿梭于火车东站西广场与植物园之间，每一次经过斑马线，孔胜东都会停车并挥手示意行人先通过，行人也很配合，快步通过。一脚刹车，一个手势，让市民和游客感受到了这座城市的温馨与安全。

问君何所求，甘为孺子牛

1986 年 3 月 5 日，共青团浙江省委向全省团员发起"为社会风气根本好转做贡献"的倡议。那时候还没有志愿者的说法，孔胜东是一名团员，也想为社会做一点贡献。他决定从身边点滴做起，利用自行车修理技术为群众多做点事。几年后，孔胜东因此被评为"学雷锋标兵"。

为什么想到修理自行车呢？孔胜东回忆道："高中毕业时去同学家玩，路上轮胎破了，到处找修车点都没找到，后来只能推着车走回家。所以我就想到了晚上出来为大伙儿修修自行车。为什么我白天不修，偏要晚上修呢？因为杭州夜晚修自行车的摊点很少，市民晚上想修车很困难。"他在硬纸板上写上"共青团员义务修理自行车动力车间团支部"这样的招牌，摆在摊位上。

来孔胜东这个义务修车摊修车的人越来越多，周围却响起了闲言碎语。有人怀疑他的动机，认为他是想出名，想捞荣誉，搞副业赚钱；有人拿到修好的车后，给他钱，见他拒绝，反而说他是傻瓜；有人来明察暗访，看他是否真的不收钱；也有同行故意拿辆破自行车来，看他技术是不是过关。善举不求掌声，但当质疑声接踵而至时，孔胜东也曾痛苦和委屈。那段时间，孔胜东失眠了，他不知道自己还能不能直面这些闲言碎语，为什么他们就是不相信？到底还应不应该坚持下去？起初，他也会彷徨，会辩解和追问。渐渐地，他不再理会。那时候，他申请加入中国共产党，学习到了党在困难时期是如何奋斗和奉献的，感觉到受的委屈都不再重要了。他决定，"走自己的路，让别人去说吧！"

就这样，从 1986 年 3 月开始，孔胜东利用业余时间在中山北路和百井坊巷四岔路口设立义务修车点，无论酷暑严寒，刮风下雨，每周六晚上 7 点到 10 点，他的身影都会准时出现在路边。他不仅没有收过一分钱修理费，还从自己微薄的收入中挤出一点用来购买小配件和支付电费。32 年来，他为民修车近 4 万辆。2003 年 4 月全国"非典"期间，领导找他谈话，让他那段时间不要修车了。孔胜东宁愿自己辛苦点戴口罩上岗，也不愿意失信于群众。当时两位老伯推着破旧的自行车过来，见到他坚守在岗位上，很是感动，说是抱着试试看的心态来的，没想到人真的还在。

孔胜东印象最深刻的是，一次一位阿姨的电动车坏了，从西湖旁一直推到他的修车点，当时已经超过 10 点，孔胜东都收摊了。阿姨说："孔师傅，请你帮我修修，不然我推到家要天亮了。你收钱好了，'杀猪'（多收点钱）也行。"孔胜东重新拿出修理工具，帮阿姨检查，结果一个轮胎上有 13 个洞，补了 13 次才好。阿姨要掏钱给孔胜东，孔胜东坚决不要。阿姨对他说，以后如果有记者采访，自己来证明，小孔哪怕深夜修车也不收一分钱。

2001 年老房拆迁，孔胜东家搬到了采荷，可义务修车点还是设在老地方。他说："那里大家都知道了，换位置的话怕人不好找，还会误会我有了荣誉逃掉了，还是我赶来赶去好了。"

种种的付出让孔师傅与不少杭州人结下了深厚的感情，不少市民路过修车点会主动跟孔胜东打招呼，甚至亲切地称呼他为小孔。孔胜东对我说，有一次，一位大妈经过，对孔胜东说："小孔，我2个月没见你来了。"当时他丈二和尚摸不着头脑，后来一想，对大妈说："是不是你2个月没出来了，所以没见着我？"大妈说，是哦，她右脚骨折2个月没出门了。

"孔师傅真是一个好人啊，弘扬他的正能量，这个社会才会越来越好。"站在我旁边的董阿姨急急对我说，"孔师傅修车不是免费就技术不好哦，我妹妹的车，她外面花了近30元钱都没修好，到孔师傅这里，一修就好。找孔师傅修车不是为了省钱，而是孔师傅修车水平高，修车放心。现在我妹妹一骑车就想到要谢谢孔师傅。"孔胜东听了，谦虚地说，最好的监督就是群众。

心念至亲却亏欠，自古忠孝难两全

过节赶不上回家和家人团聚，这对孔胜东来说是很正常的。最遗憾的是有一年冬至，孔胜东还在开车，家人打电话来说，母亲快不行了，走前一直在喊"阿东阿东（孔胜东小名），你快来，快点来"。等到下班赶回家，母亲已经走了，没赶上见最后一面。讲到这里，孔胜东一脸凝重，眼眶湿润，沉默了好一会。

孔胜东对我说，他还亏欠妻子和女儿。他几乎全年无休，每个周末要做志愿者，为大家修车，不能陪妻女看电影、旅行。婚后第二天，正值周六，他丢下新婚妻子，带着工具匆匆赶到修车点，继续义务服务；

大年三十晚上，别人合家守岁，他却独自一人站在寒风凛冽的街头修车；父母生日、妻子生日、女儿生日……孔胜东常常为了让其他职工回家过除夕而错过和家人一起吃团圆饭和看春晚的机会。大年三十，孔胜东都在路上跑，回到家时已是深夜一两点，年夜饭只能在车队凑合吃一顿，更别提看春晚了。不过在 2016 年，作为全国道德模范代表，20 多年没看过春晚直播的孔师傅，穿着公交制服走进了春晚现场。孔胜东对我说，他对妻女承诺了，等到自己退休的时候，除了周末，都可以陪她们看电影和短途旅行。今天，听了他的"失意时刻"，我从他的怅惘、孤单、苦痛中，感受到让人肃然起敬的道德力量。

孔胜东说，32 年来，周六免费修车只"失约"过三次。第一次"失约"是父亲去世的那个周六，刚办完丧事的他觉得浑身无力，"失约"了。可就在 3 天后，他还是赶到修车点，把没去的那一天补了回来；第二次"失约"是 2007 年到北京参加党的十七大，会议时间共 10 天，开会回来后他马上补回来；第三次"失约"是去领取 2015 年全国道德模范的荣誉证书，领奖一回来马上就补回来。孔胜东一脸诚挚地对我说，他的心愿就是开一辈子公交车，做一辈子志愿者。"因为我觉得很自豪，很快乐，很光荣，很幸福。"

始于初心，成于坚守

做一件好事并不难，难的是一辈子做好事。32 年来，孔胜东从一名稚嫩的青年成长为共产党员，从一名普通的职工成为全国劳动模范、全国道德模范。身份变了，不变的是他为人民服务的心。32 年来，孔胜东送走了不知多少焦急而来、满意而去的夜行人。随着时间的推移，他的"共青团员义务修理自行车点"也换成了"共产党员义务修车点"，不变的是他一如既往地免费为市民修车的行动。32 年来，孔胜东从一个毛头小伙子变成五十出头的中年人，但他那颗为人民服务的心没有变，"义务修车"的诺言没有变。

几十年默默付出，他面对白天的乘客和晚上来修车的人，永远是一副笑眯眯的样子。坚持了 32 年，孔胜东感染了身边无数人，如今他的身后，不再是一个人，而是一群人。我见到几张年轻的面孔，他们都是孔胜东的徒弟。2012 年初，孔胜东所在的杭州公交三公司成立了"孔胜东志愿服务队"，全公司有 200 多人自愿报名。他也是从那时起开始招收徒弟，有年轻的"95 后"，也有"70 后"。其实善良有传承才是最有成就感的！孔胜东今天穿着蓝色工作服，佩着党徽，一如既往地和他的志愿者团队一起忙活着给居民们修自行车，不一会儿，他就修好了十几辆自行车。孔胜东笑着说，不忘初心，继续努力，是他一直的愿景。

"孔师傅就是当代的活雷锋，不愧是共产党员。你要好好采访他哦！"这是站在我附近的社区居民王大伯对我说的。

从有口皆碑的模范司机到免费修车的活雷锋，32 年时光荏苒，孔胜东用两种身份实践着坚持为民服务、身先垂范的诺言。模范司机、全国劳动模范、共产党员、志愿者，他有很多称呼，54 岁的他更像是一位"精神工匠"。

和孔胜东告别，转头一看，在路灯下，他和他的志愿者团队忙碌着，坚守在一线。这份默默的坚持，一如修车摊那片昏黄的灯光，看似不动声色，却足以温暖这座城市每一个人的心房。

专访于 2018 年 5 月

中华从来多匠人，情怀悠悠壮志扬
——专访党的十九大代表、全国劳动模范周明娟

　　人物名片：周明娟，浙江杭州人。党的十九大代表、中国工会十七大代表、浙江省财贸工会兼职副主席、杭州市妇联兼职副主席、杭州解百集团股份有限公司营运部助理，曾获全国五一劳动奖章、全国劳动模范、全国商业服务业十佳营业员、全国商业服务业优秀营业员、浙江省优秀共产党员等荣誉。

精诚所至，金石为开

　　3月的傍晚，迎着夕阳，我来到杭州解百楼下。周明娟在电话里强调说："我来接你们，因为你们不熟悉解百的设计。"那时感觉她挺为人着想的。正在左顾右盼时，一位身材窈窕、穿着雅致的女子朝我这方向走来，我一打招呼，果然是。我们俩都笑开了。于是我跟在她后面，看着她挺直的背影来到了她的工作室。

　　一落座，她对我说，她曾是解百的临时工。我很惊讶："是吗？是临时来做做的吗？"

　　"不是，因为我是一个厂商派驻在解百的，当时称为信息员，对于

周明娟（左）和本书作者（右）

商场而言就是临时工。一开始我就非常喜欢这个工作，因为喜欢，所以热爱，也因此很用心地对待顾客，顾客对我对服装的理解和搭配评价挺好，销售也就越做越好，销售额是人家专柜的两三倍，比如你这一班做2万元销售额，我能做四五万元。"

看着她眼中的自豪和自信，我不由得问道："你太厉害了，怎么能比别人高这么多呢？"

"因为我始终把顾客当成朋友来对待。"此时她眼中闪烁的是真诚。

我还是鸡蛋里挑了一块骨头："会不会有人认为是你这个专柜的衣服设计得好，所以好卖呢？"

"是的，当时确实有这样的声音。但是我没有被外界的评价所左右，甚至有其他厂商想挖我到他们的专柜做销售，我也始终没答应。"

"当时你还是临时工，跳了一个专柜可以涨工资啊。"

"我很念旧，也很专一，当时就是这个厂家我才有机会到解百这个大平台做事。我从1990年做到1994年，解百发展特别好，大家都向往到解百上班，我也是抱着试试看的心情申请。经过商量，领导因为我销售做得好，破例招收，我成了一名合同制员工。所有的同事对我的评价都是吃苦耐劳，打水搞卫生都是抢着做！顾客也对我非常认可。有一次一个顾客在我们专柜挑了好多衣服，整个专柜几乎全试了一遍，这个时候她觉得有些不是太喜欢，我是看出她的心思的。"她朝我点了一下头，"这么多年做销售，顾客的心理是懂的，我觉得顾客挺尴尬，我就迎上去，对她说：'你如果不是太喜欢就不要勉强，毕竟衣服价钱也不低，要不这样好了，你出去转一转，买衣服是要货比三家的。'"顾客听了周明娟的话，觉得对方给了自己一个台阶下，非常感动，就告辞走了。过了一周，她又过来，对周明娟说，在其他商场逛了一圈，这个品牌有一款衣服她非常喜欢，但是周明娟这里没有货。顾客让周明娟把衣服从武林路商场调过来，她再到解百来购买。"这位顾客为了等我调衣服，在我这个柜台里等了一个多小时。因为我是骑自行车来回的。"讲到这里，周明娟眼睛里闪出感动的光芒。打那天起，那位顾客就成了周明娟的朋友。

周明娟对我们说，品牌会针对不同的消费群体投放不一样的款式，奢侈产品更倾向于杭州大厦，年轻时尚的会放在银泰，解百的客户群是以中青年为主的。所以周明娟体会到，只要真心付出，顾客会理解的。望着周明娟优雅的身影，我意识到，从事自己所热爱的工作是一种幸运，热爱自己所从事的工作是一种幸福。

草木百年新雨露，删繁就简二四六

1999 年，周明娟考上解百首席营业员，是全公司第一个。首席营业员就是专家型营业员。那个时候她年纪轻，文化水平比人家要欠缺一点，但是她通过自身的努力学习了解顾客的心理，学习搭配技巧，最终赢得了这个称号。

周明娟捋了捋头发，微笑着对我说："我觉得作为一个营业员，真的要与时俱进，做出创新。我在服务顾客的过程中就总结出了一套专业实用的服装销售服务方法——'二四六'全程服务操作法。"

我又涌起一股惊讶："销售服装都有操作法？"

"嗯，是的。"周明娟微笑着点点头，洋溢着自信，"我会根据顾客的肤色、身材、发色、购买能力等需求，结合服装品牌的特点，挑选出适合她们的服装。"

周明娟对我说，"二"是售后二原则，一是售后的问题要优先解决，二是要站在顾客的角度用专业的态度去处理；"四"是将顾客的肤色分为春、夏、秋、冬四种，"如果顾客的皮肤比较白，发色不是很黑，我会建议她穿草绿色、黄色等春天型颜色的服装"；"六"是颜色搭配技巧，主色调不超过 3 种，在此基础上进行混搭……

周明娟说起这个搭配法，滔滔不绝。她用欣赏的眼神看待世界，在她的眼里，世界万物都是美的化身。"为什么你穿蓝色特别好看？为什么我穿绿色特别好看？实际上这个是肤色决定的。这个'二四六'全程服务操作法被市总工会评为先进操作法，有好多员工按照我这个操作法来给顾客搭配，在最短的时间内帮顾客找寻最适合的颜色、最适合的款型。实际上搭配也有技巧，比如内外呼应、上下呼应、掌握主色辅助点缀色等。通过这种学习以后，你可以帮顾客在最短的时间内找到适合的颜色与款式。"

爱美的我，一下子发现了服装搭配新大陆："周老师，要不您也给我分析分析我适合的色调？"

"你这是要现场考考我啊？"

"不敢。"我们之间的气氛随着我迫切想成为服装搭配体验员而更加亲近。

"像你的气质和身材，今天搭配蓝色围巾是对的。你是初春肤色，适合穿粉红、淡蓝、新绿等颜色。你是圆形身材，适合单色或者小朵花。"

我兴奋地频频点头，还是头一回知道我的肤色和气质是属于初春的。

谈到服装选择和搭配，周明娟娓娓道来。穿衣服，第一个要了解自己，第二个要掌握搭配技巧，第三个就是理好衣橱，这个很关键！她认为，衣服不是穿破的，而是洗坏的，衣服是需要休息的。她指着身上穿的墨绿色外套对我说，这衣服穿了 10 年。我大为惊讶，因为乍一看觉得是新衣服。周明娟说，衣服穿了一次就需要休息，把衣服好好挂起来，用热毛巾擦擦领口的灰尘和污垢，整理完后在阳台上挂着，注意不要让太阳暴晒。有的衣服不适合悬挂，要平摊护理，因此要注意看衣服的内标，上面有对应的保养说明。

当我问到这个"二四六"服装操作法对销售业绩的作用时，周明娟眼睛一亮，欣然一笑："作用可大啦！对我销售起到了很大的提升的作用。也是这个操作法让我 1999 年考上首席营业员的。从 1999 年到 2019 年，首席营业员每年都要考，以前是一年一次，后来是两年一次，20 年中我考了 11 次。"

"首席营业员考什么内容？考官是谁？"

"考官是外围的专家团队，杭州日报社、杭州市劳动局、杭州市质量技术监督局的人都是专家团队成员，其中质量技术监督局是考评营业员的专业知识的，主要是根据主题答辩。考试主要考三点、专业知识、服务知识、服务技巧，服务技巧包含销售业绩和顾客的评价。我的专业知识是指对各种面料等的了解和顾客体型的判断，适合什么款型、码数等等。"

此时我拿起茶杯喝了一口茶，在暗暗佩服周明娟对她职业的敬畏的同时，看到了她工作室里的荣誉墙。周明娟在解百工作了 28 年，曾经在 70 多个品牌专柜工作过，2002 年被评为全国十佳营业员，2003 年被评为中国百货行业的明星售货员，2005 年被评为全国服务明星、全国劳动模范。我拿着手机拍下这些含金量很高的荣誉，转过头对她竖起大拇指，由衷地感叹："真佩服你，能够开专家工作室。"

周明娟此时倒是羞涩起来："荣誉也是组织对我的鼓励和信任，也是大家支持的。我的工作室在 2008 年就开起来了。"

　　周明娟工作室是浙江省商贸企业首个以个人命名的工作室，后又更名为周明娟师徒团队工作室，直至今日发展成周明娟会员中心工作室。

　　全国商贸企业服务论坛每年都邀请周明娟去参加"中国梦·劳动美"服务品牌下基层活动，每年一个城市。每次她都携这套"二四六"全程服务操作法去现场，有活动论坛，有现场演示，通过这两个途径来面对面地培训各个商贸系统的店长，让他们在最短的时间内学习到这些"干货"。每次她去讲课都会带上解百的员工，让解百的员工来演示一遍"春夏秋冬"4种形态，然后演示不一样的搭配技巧，在演示的过程中把搭配法教给来参加论坛的商贸系统人员。这几年去过吉林、山东、陕西等地方。周明娟1999年演讲的主题是把顾客当成朋友来对待，2000年以后周明娟就不再讲服务态度的重要性，因为这时候的她认为，作为服务人员，好的服务态度是必须有的，更加重要的是专业知识，就是如何引领顾客去消费。2015年开始她不再讲服务态度跟专业知识了，这时候她觉得，作为服务人员，这些是必备的技能，她觉得更多的是要与时俱进，做到创新，将线上、线下融合去做销售，这才是最重要的。在多次参加中国财贸轻纺烟草工会组织的商业服务品牌演示交流活动中，她又带了来自青岛阳光百货和济南银座等商场的68名徒弟。通过平时的书信以及电话交流，徒弟们不仅传承了她出色的服务技能，更传承了工匠精神。周明娟笔挺的坐姿、优雅自信的笑容，让同样作为女性的我觉得有些汗颜。她拿起手机给我看了一个专访，其中有线上、线下融合的真实案例："一个顾客要买三条羽绒被，我让她把地址告诉我，然后我去相关的柜台把各式羽绒被拍好，发给她，让她选择款式和价格，这就是线上、线上融合销售，通过我的服务就可以达成。"此时我觉得周明娟犹如阳光，温暖了每一个顾客。"所以我觉得不管做什么行业，你要与时俱进地去创新。"

同舟共济扬帆起，乘风破浪万里航

当我问起，成名后肯定也遇到过一些抛来的橄榄枝，有没有换一个工种的想法时，她果断地对我说："这倒真没有，因为我觉得把顾客打扮漂亮的同时能给自己带来快乐，而且我会把我认为好的衣服介绍给合适的人。我不怕撞衫，因为每个人的气质不一样，我愿意把这个好东西跟大家分享。其实我做首席营业员以来，有一个最基本的点就是跟人家分享好东西，让顾客用最优惠的价格买到这个商品。只要能帮到顾客，我会尽我百分百的努力。2008 年开始开工作室后就全方位为顾客服务了，帮顾客买家电、买男装、买女装、买儿童装，这些都在我工作室的服务范围内。这样的方式也是一种创新。现在的客人都希望是一站式的服务。这就逼得我去了解全品类商品。这对我来说也是考验，这么多商品要了然于心，确实要下很多功夫。每个人的需求不一样，我要满足每个顾客的需求，就像医院的全科医生一样，如果全科医生对常见病不熟悉，怎么对症下药？我给不同的顾客选东西就相当于全科医生开药方！"我钦佩地点点头。解百的商品有多少啊，都要了然于心，这太不容易了。

"周明娟工作室开了后，你始终是一个人吗？有没有带徒弟？"

"2008 年成立工作室，开始是我一个人，后来有团队。我选了其中几个相对优秀的店长作为徒弟。2014 年打造了周明娟团队工作室，各个部门都有我的徒弟，男装、女装、家电等等。我们工作室团队还专门为杭州总工会培训职业技能带头人、新员工等等。"

"从成立周明娟工作室到周明娟团队工作室，一年会为解百贡献多少业绩？"

"我去年做了 800 多万元，这仅仅是我个人的。"周明娟工作室通过微博、微信与顾客互动，建立起多元化平台，使线上线下的消费者需求都释放得淋漓尽致。两年来，周明娟共接待至尊客户 5300 余人，成交商品 15350 余件，销售额达到 898 万元，建立顾客档案 2098 份。这些还没包括团队的业绩数据。

未出土时先有节，已凌云霄尚虚心

现在的周明娟是公益大使、省总工会宣讲团成员之一，还是杭州妇联兼职副主席，开设妇女打造形象课是周明娟义不容辞的任务。周明娟2003 年入党，2011 年被评为浙江省优秀共产党员，2015 年被评为全国劳动模范，2017 年当选为党的十九大代表，参加了党的十九大，2018年参加中国工会十七大。

讲到这些过往，周明娟仍激动不已："因为评上全国劳动模范，我有机会去了人民大会堂，见到了习总书记，我很激动，眼泪都出来了。这是我第一次走进人民大会堂，也是第一次在现场看到习总书记，所以觉得特别骄傲，特别自豪。2013 年的时候，我就在想，我的梦想是什么？我的梦想是成为全国劳动模范。我觉得，通过自身的努力，我一定行，我只要能在现场见到习总书记就好了。后来，这些梦想我都实现了。2015 年回来以后，我有个梦想，就是跟习总书记合影。2017 年，我真的圆梦了。我们党代表有 2000 多人，排了 4 个小时的队才跟习总书记合影，我当时特地穿着红衣服，因为穿得红一点，我就可以醒目地看到自己了。我从北京回来以后，宣讲党的十九大的内容讲了 100 多场。他们都评价我讲得特别接地气。我从好会风当中感受到了我们的好党风。从我们简朴务实的会风当中，感受到我们生在一个伟大的时代。党的十九大共开了 3 小时 26 分钟，我感受到了大家的大局意识，我们党代表履职的积极性非常高，所有的人都自发地鼓掌。我们希望我们的掌声能持续得久一点，再久一点。"

"听到你刚刚说，宣讲党的十九大的内容讲了 100 多场。我好奇的是，当你讲到第三场、第十场、第五十场时，会不会觉得枯燥乏味？"

"我讲的时候越讲越自豪，越讲越感觉到自己又学习了一遍。因为我讲的主要是我们感受到的内容，习总书记讲的内容少一些，更多的是我们参会的花絮。比如，我们抢话筒非常努力，因为名额有限制，一上午只能有 8 位同志发言，有一位同志抢到话筒时音量很高，我们好几个人被吓到。我并不是想说他的素质不高，而是想证明我们每个代表的履职积极性很高，因为当时压根没担心自己会不会说或者说得好不好，首先要保证自己有机会说。我们浙江代表团整个团大局意识都特别强，12 月 16 日这天回来，一上飞机，浙江卫视的记者对我说，下飞机要说两句，主题是'你对习总书记的报告是怎么理解的'。那个时候我特别紧张，1 小时 50 分钟的航程，我一直在想我应该怎么说。印象最深的一句是'我为生在这个伟大的时代而骄傲'。"

周明娟宣讲党的十九大精神 100 余场，受益人有 18000 余人，有公安系统人员、农村群众、学校教师、社区居民代表、营业一线服务人员、保险业务人员等。此时我再看周明娟，我想，像周明娟这样优雅的人，温馨、质朴、自然，着装得体，落落大方，一定是党的十九大代表中一道亮丽的风景线。

当我问她对现在商业界的年轻人有什么希望时，周明娟热切地对我说，她年龄越来越大，希望有更多的年轻人来做这个行业。因为喜欢，所以热爱。她的工作信条是"热爱、奉献、创新"，这是她总结的 6 个字。

她说有了热爱没有奉献没用，有了奉献没有创新也没用，所以这6个字缺一不可。

周明娟自光荣地参加党的十九大、中国工会十七大以来，给自己总结了3句话——简单的事情认真做，认真的事情创新做，创新的事情传承做。通过学习党的十九大精神，周明娟体会到，未来的实体零售企业要突破销售瓶颈，唯有创新，也可以说创新才是实体经济企业的立足之本。

当一个女人找到属于自己的事业，自己的角色，自己的位置，她的美丽便势不可挡。热爱生活的周明娟，岁月将她雕琢成一个优雅而隽秀的女人，她如春日午后的阳光，又如一束迎春花，默默地报春，给人以希望。

和周明娟告别时已是落日时分。斜阳将她的影子印在地上，愈来愈长，回首，周围愈来愈暗，而她如一盏灯火，在夜色中亮起。

专访于 2019 年 3 月

水晶帘动微风起，满架蔷薇一院香
——专访全国人大代表、南湖革命纪念馆讲解员 袁晶

人物名片：袁晶，浙江嘉兴人，南湖革命纪念馆宣教部副主任、副研究馆员、讲解员。在南湖革命纪念馆宣传教育的业务岗位上 10 多年。2017 年 10 月 31 日，全程接待中共中央总书记、国家主席、中央军委主席习近平和中共中央政治局常委一行。第十三届全国人大代表，曾荣获中国好人——"敬业奉献"奖，荣获"浙江省优秀讲解员"称号，荣获浙江省第九届微型党课大赛一等奖等，发表《"红船精神"传播对实现政党认同的价值》等学术论文近 10 篇。

我到市政府工作后不久就因为工作认识了袁晶，她娴雅温柔，含蓄婉约，气韵温婉。很有缘分的是后来还有一小段时间，我们做了面对面的同事。所以，专访袁晶，犹如探访南湖，静静地看着袁晶犹如南湖，春绿、夏灿、秋实、冬静地变化着，任时光流转，她都静静地在那里。

我和袁晶相约在周末的晚上。她从乌镇戏剧节看了《红与黑》专场回来，还是一如既往，气韵温婉，仿佛从雨巷深处含笑走来的丁香般的女子。我们默契地同时推却了其他事，只为了在一个空间里静静地相聊。

袁晶（左）和本书作者（右）

功崇惟志，业广惟勤

一坐下来，我就和袁晶说："袁晶，今天我们之间不是简单聊天，我要专访你。"

她很讶异："沈老师，没想到你今天约我是专访呀。我已经基本上不接受采访了。"

在我说了缘起之后，她倒是很认同我将精神财富留给新时代的青少年和大学生的观点。于是乎，我们在一个安静的空间里，边吃美食，边开启并进入了袁晶的时光隧道。

"你是什么时候到南湖革命纪念馆工作的呀？"

"2000 年一参加工作就在纪念馆。那时候我的编制还在电影公司，到 2006 年时编制正式进入革命纪念馆。"

"啊，2000 年到现在工作也 21 年整了。"

"是呀，时光太匆匆了，沈老师。"

"一开始的革命纪念馆是怎样的？参观人数肯定没现在多吧？"

"参观人数是没现在多，但是我觉得以前更忙！"

"为什么？"我很惊讶，原以为现在参观人数急剧上升，应该现在更忙才对。

"那时二代纪念馆虽然没有现在这么大的关注量，但其实参观的人也不少。建党 85 周年的时候我们做了大型的巡回展，当时纪念馆是隶属于文化局的。我参加工作的时候已经在二代纪念馆了。"

"我梳理一下，一代纪念馆是 1959 年开馆，我们小时候来参观的已经是二代馆了？"

"是的，二代馆是 1991 年开馆的。"

"那时候你工作的部门名称是什么？"

"当时就称'宣教部'了。后来电影公司改制，要考虑人员分流，我们就正式转入纪念馆了。以前南湖纪念馆的职责范围可大了，南湖湖心岛上的纪念馆二代馆，摆渡到纪念馆那时是跟许家村合作的。"

"原来，我们革命纪念馆也很有故事啊！袁晶你是学什么专业的？"

"旅游专业。"

"当时你是怎么选择到纪念馆的呢？"

"还是机缘巧合，我不想去旅行社，但是想往类似的方向工作，就到了革命纪念馆。其实我还是专业比较对口的。"

"啊，真的，那是相当对口了，没有放弃本专业。"

"对的，我还考了全国导游证。我刚工作时的馆长章水强是一位军人，对我们的管理也有点军事化。他经常教导我们要'以馆为家'。我是切身感受到这句话的力量的。沈老师，我为什么能够走到现在？我很坚定自己的选择，而且我看人有自己的标准，不会人云亦云，而是一直沿着自己的路来走。"

"确实，一个好的领导能够影响团队的每一个成员！尤其是对刚入职场的新人来说，有些理念就像一颗种子植入心里，是根深蒂固的，他们那一代的干劲、韧劲、闯劲是我们现在无法相比的。"

袁晶认同地点了点头："当时我觉得能够进革命纪念馆是一件很骄傲的事，因为它在我心中是一块圣地。当时我虽然年轻，但是在这样的环境中工作，我对自己的言行各方面都有标准，时刻提醒自己，要自始至终做一个正直的人。"

"你进宣教部，有没有指导老师？"

"谈不上非常正式，但我一直觉得清河中学调过来的张娴老师是我的指导老师。她是一位典型的江南女子，人如其名，非常娴静。她非常了解我，在工作上给了我很多指引。她为人正直，又有爱心，她的人格魅力影响了我的职业生涯，也影响了我的人生。我一直很感激她。"

"袁晶，这个我也有深切体会，对20岁出头刚刚工作的女孩子来说，引领我们的人很重要，有点燃我们心头一把火的作用。"

袁晶重重地点头："张老师会毫无保留地把一些知识点告诉你，而且会指导你应该看什么书，更重要的是在工作分配的时候，绝对公平公正！这点当时我非常感激。"

"袁晶，你讲到'公平公正'，其实这一点无论在什么阶段都很重要，对于刚参加工作的年轻人尤为重要。给年轻人心中种下这样良好的种子，让他们以后也这样对待他们的同事，我想这是新人一辈子都会感激的，对其人生影响是很大的。"

"所以时至今日，我们宣教部的每一个人都会有机会亮相，我也会给他们创造一些机遇。"

"哈哈，你看当时种下的种子多年以后就长成了。"

"说笑了，沈老师。"

我一向认为，温婉女子大都历经世事，岁月让袁晶沉淀了底蕴，让她懂得了取舍的智慧。

"其实跟我一起进来的有很多小姑娘，但现在留在岗位上的只有我一个人了。"

"你坚持了21年！"

"嗯，从一开始坚持下来的就剩下我一个还在宣教岗位上了。不过，中途我也转岗过。"

"哦，为什么？"我停了笔，抬起头。

"因为后来成立南湖风景区管委会，纪念馆的宣教部跟南湖景区的导游队伍合在一起了。就是现在的南湖会景园的文创店，那里曾经做过南湖游客服务中心。"

"就是讲解的任务还在，和导游队伍一起？"

"嗯，其实纪念馆展厅的讲解员和导游是两个概念，以前南湖景区的讲解员其实在我们看来是导游，但现在他们也不叫导游。我们都称为'党史宣讲员'。"

"这个称呼非常正确。这个称呼是什么时候提出来的？"

"严格意义上说是 2017 年之后。"

"那合署办公时间有多久？"

"3 年左右，那时合署办公，岗位可以双向选择，我到了南湖风景区管委会的人事部，当时我们人事部的主任李允，还有我们以前纪念馆的张达飞书记，到了管委会之后是分管人事的，两位正好都是我的老领导，所以我就选择去了人事部。分分合合，然后城投进入管理，人事就跟城投合在一起了，在城投公司（当时办公地点在市建委）上过一年多的班，当时我做的是党建工作。过了一年多，纪念馆的人全部回归。"

"再回到纪念馆？"

"是的，因为我们是事业编，而城投是企业，所以我们全部回归。"

"2005 年至 2008 年你暂时脱离了宣教的岗位，做人事和党建工作，回归之后，你没有回到宣教部？"

"当时游客服务中心还在，游客服务中心就是承担纪念馆和整个南湖景区的讲解的，我就来到了纪念馆的资料部。"

"资料部主要是干什么的？类似于档案馆？查找资料为主？"

我的一连串问题，让袁晶笑了起来："是，也不完全是。资料部是保管和研究资料的库房，而且所有纪念馆的宝贝都在库房。"

"真的？"

"我们当时的谢主任，他马上就要退休了，我从他手上接过了资料保管部的钥匙，也就是库房的钥匙。我们当时所有的文物清点移交都用了两三个月，因为纪念馆是 1959 年成立，到现在已经有很多历史文物了。所有的物件都要移交的。"

"哇，袁晶你手里库房的钥匙真是不得了，每一件宝贝都价值不菲啊！"

"是啊，拿着库房的钥匙，我整个人都是紧张的。"我俩不约而同地笑了起来。

"在资料部的时间虽然不长，却是我最享受的一个时期，因为跟我的性格是吻合的，不需要跟人打交道，安安静静地干好自己的案头工作就行，有空可以看看书，写写文章。2011 年三代馆开馆，要重新成立宣教部了，领导让我重建宣教部。虽然从我内心来讲，还是比较喜欢安静，去宣讲相当于倒逼自己，但我还是去筹建了。"

"筹建之初有多少人？"

"当时我们招了七八个讲解员吧，现在这一拨人也不在了，调任或者考到更适合他们的岗位上去了。"

"当初对重建这个信心如何？"

"其实培训有相当长一段时间。我们练习的时候，都是在二代馆楼上的一个会议室，把小样全部打出来，挂在会议室里，然后让他们对着小样练习讲解。当时我还兼着资料部的工作，三代馆当时新增文物的工作量很大，要搬到新馆，新增文物的移交，我主要负责入库登记的工作，这就至少需要半年，同时又在培训新的讲解员。"

群芳竞秀，盛开一枝女儿花

"其实我一直说，讲解员不是谁都能胜任的。"

"需要具备哪些条件？"

"第一是要具备一定的外形条件；第二是要具备良好的记忆力；第三是一定要能吃苦，因为讲解要记很多内容，需要你刻苦勤奋；第四是要有一定的研究能力；第五也是我认为最重要的，你要爱上党史。讲解词或者大纲基础稿都是没有生命的，更多的有血有肉的内容还得你自己去挖掘。到现在我出来接待，我每一次都会准备，都会把原来的讲解词推倒重新组合，每一次讲解的侧重点是不一样的。我们的张兵书记对其他人说过：'袁晶这个人讲解的最大特点是，她每一次都会讲新的内容。'而且现在我还是全国人大代表，肯定也不仅仅从馆的层面出发，可能更多的还是站在整个嘉兴层面来介绍嘉兴的一些有特色的内容。"袁晶温柔、善良，也有知性美，这种美来自对知识的掌握，来自阅历的提升，来自日积月累的沉淀，是发自心底的自信。

"那么你带出的第一批讲解员是为三代馆而准备的？"

"是的，三代馆比二代馆扩大了 10 倍，我个人觉得其实是纪念馆扩建工程。"

"你作为他们的导师，是怎么看他们的'雏燕展翅'的呢？"

"第一次、第二次、第三次的时候我会关注一下，跟在后面听。听完之后，我就跟他们交流，觉得这个点可能这么讲更好一点，这样的表述方法是不是更好一点。"

"你是完全受到了张娴老师那种大爱的影响，人也一样平和平易。"

"张娴老师确实很懂我，这几年确实有点嘈杂的声音。这几年张老师一直在杭州，上周和我聊了几句，她就回了一个字'懂'。"

"袁晶，这些，我感同身受，就如我业余写作一样。每一本书的出版都凝聚着我的心血，都是我每一个有空的晚上和周末一个字一个字码出来的。你们旅行时我在写，你们喝咖啡时我在写，你们打球时我在写，你们聊天时我在写……都是这样子，我的作品才一本本出版。但是有次我送给别人一本书，他甚至看都没看就扔垃圾桶了，此后，我就不给不懂我的人送书了，你懂我，才送你。"

"嗯，沈老师，懂一个人很重要，那是尊重，所以我一直强调'不是谁都能做讲解员的'。有领导提出要有专家型讲解员，就是要求资料部的人、要求高学历的人来讲解。我当时跟领导探讨，我觉得也可以，但实际上我内心太清楚了，坐在办公室里写文章的高手并不一定有好口才，他能用文字表达出来的不一定能用口来表达。我们所有事件的时间、地点、人、物和事都是印在脑子里的，有时候你去问资料部的人一些史料，他们会说'你稍微等一下，我去查一下'，要去翻资料、翻书再告诉你，但我们都是将几万字的史料直接印在脑子里的。后来这事就不了了之了。其实也就是说有研究能力的人，不一定有相当的表达能力，对吧？"

"袁晶，我相当认同！兼而有之的有，但是极少。"

"我一直说讲解工作是体力和脑力相结合，你不仅要有高超的表达能力，要有一定的仪态，要有一定的知识基础，你还得多才多艺，还要有随机应变的能力，是吧？我一直说我这个部门是培养人才的地方，凡是在我们这里当过讲解员的，他们去考公务员或者事业单位时，只要能进入面试，面试成绩都是第一名。因为这个岗位的历练，这些综合能力都不是一蹴而就的，是需要时间慢慢积累的。"

"所以培养一个优秀的讲解员也不是一朝一夕的事，对吧？"

"对的，需要很长一段时间。"

"可是你说宣教部留下的只有你一个在岗时间最长了。"

"对的，我们的队伍由于编制问题，流动性很大，后来领导就提出来，为了留住这个队伍，我们讲解员设立事业编。其实到现在全国的博物馆和纪念馆除了管理岗位是有编制的，其他岗位有编制的很少，我们南湖革命纪念馆是创了新举。我们当时的章水强馆长就一个理念，他觉得宣教部是整个纪念馆的门面，所以我参加工作的时候，我们接待服装全部是杭州大厦买的，统一的皮靴。"

"哇，太厉害了。"

"我知道沈老师你会很惊讶的，但是我们章馆长说'我们要把最好的资源给到宣教部'。在章馆长的关照下，我们以前宣教部的地位是很高的。其实想想，你给观众的第一印象，能够反映你单位整体业务水平的，最直观的就是讲解员，对吧？"

"经你一讲，我觉得这个理念是正确的。"

"我有一个观点，不管我是不是宣教部的负责人，我都希望不是队伍中一两个人特别好，而是希望整支队伍水平都相当好。现在提起纪念馆宣教部就说到有谁讲得特别好，那是因为在建党百年之际树典型。所以现在我们要做平衡。现任的张宪义馆长我也跟他探讨过，目前来讲，我们讲解员的水平还是参差不齐的，如果跟大馆对标，我们还是要看到自己的短板，不能沾沾自喜，真的，我觉得该学习的东西太多。我也对张馆长说，今年是建党百年，按道理我应该'退二线'，将接力棒交给新人了。其实 2017 年我接待完之后，我就想给自己的职业生涯画上句号的。因为后面每一次接待都有风险，每一次接待对我而言压力都很大，如果哪次出现瑕疵，我就不会原谅自己了。"

"我知道，像我们这一类人都是完美型人格，有一次做得不完美就会很自责。尤其对你来说，2017 年之后，关注你的人太多了，压力更大。但是这条路走到现在，从一开始怀着初心走进神圣的革命纪念馆，到现在也有风雨也有晴，对吧？"

袁晶深知守护有多么重要，知道一切都来之不易。她懂得对工作和生活要宽容与理解，懂得给生命留白，用感恩滋养生命。

天生我材必有用，报与桃花一处开

"袁晶，你的岗位，理论上比我们接触到领导的机会多一点，对吧？"

"是的，由于南湖革命纪念馆的特殊性，作为纪念馆的一名宣讲员，在宣教这个平凡的岗位上，会比常人有更多的机会接触到一些市、省、中央部委的领导，甚至是党和国家领导人。"

"那 2017 年这一年，在你人生的画板上应该有浓墨重彩的一笔。"

"是的，沈老师，2017 年 10 月 31 日，对别人而言可能只是普通的一天，对我而言，这一天注定成为自己一辈子珍藏和回忆的一天。这一天，我完成了个人职业生涯的一场大考；这一天，是我与习近平总书记距离最近的一次。中共中央政治局领导集体来到浙江嘉兴，实属首次，史无前例。我荣幸之至，担任了整个行程的解说工作。"她边说边转了转身，清澈的眼眸中洋溢着淡淡的喜悦，嘴角上扬的弧度似月牙般完美。

"当天下午，南湖微风习习，清波荡漾。我被通知 4 点到达南湖会景园，而我提前半小时等候在指定的位置。让我印象深刻的是，习总书记一下车就很有感情地说'南湖啊，烟雨迷蒙'。当我看到习总书记和蔼可亲的神态，略有忐忑不安的心情早已烟消云散。我立刻上前迎接，说道：'欢迎习总书记重访南湖！'站在南湖革命纪念馆前，我饱含深情地向习总书记说道：'您眼前看到的就是南湖革命纪念馆的第三代馆，

2006 年 6 月 28 日，习总书记您亲自参加了新馆的奠基仪式。这么多年来，全体南湖儿女一直盼望着您回来看看纪念馆建设和发展的情况，今天终于把您盼来了。'说完，我那一刻的心情也略有激动。因为这座新馆不仅是南湖儿女用心垒筑的新时代精神地标，更是红船情的代代赓续。习总书记表示，从纪念馆奠基那一刻起，他就一直想着落成后要来看一看，今天如愿以偿了……"

听到这里我也激动起来，记录笔都用力了一些。我抬头看着袁晶，希望她能多分享一些。

"习近平总书记及常委们站在纪念船旁的台阶上，听取了 6 分钟的介绍，主要内容为中共一大会议从上海转移到嘉兴的整个背景和过程，中共一大纪念船 1959 年重新复制的过程，包括纪念船的结构，以及利用纪念船开展爱国主义教育等情况。话音刚落，习总书记便走近纪念船，边从船头走到船尾，边仔细查看了船的每一个部件，用手指着放置在船顶长长的几根杆子，询问这些杆子的作用。我上前解答：'其中两根是摇船的橹，其余的是悬挂挡风遮雨的篷布用的桅杆。'习总书记边听边点头。"

见袁晶沉浸在那天的回忆中，我没有打断袁晶的回忆。只听她说："印象非常深的是习总书记说'上海党的一大会址、嘉兴南湖红船是我们党梦想起航的地方。我们党从这里诞生，从这里出征，从这里走向全国执政。这里是我们党的根脉'。同时强调，'其作始也简，其将毕也必巨。96 年来（时为 2017 年），我们党团结带领人民取得了举世瞩目的伟大成就，这值得我们骄傲和自豪。同时，事业发展永无止境，共产党人的初心永远不能改变。唯有不忘初心，方可告慰历史、告慰先辈，方可赢得民心、赢得时代，方可善作善成、一往无前'。习总书记最后指出，'党的十九大擘画了党和国家事业发展的目标和任务，全党同志必须坚持全心全意为人民服务的根本宗旨，不断带领人民创造更加幸福美好的生活；牢记共产主义远大理想，坚定中国特色社会主义共同理想，一步一个脚印向着美好未来和最高理想前进；始终保持谦虚谨慎、不骄不躁的作风，不畏艰难、不怕牺牲，为实现"两个一百年"奋斗目标、实现中华民族伟大复兴的中国梦而不懈奋斗'。习总书记话音刚落，雷鸣般的掌声响彻整个序厅，习总书记给现场每一位聆听者上了一堂深刻而难忘的党课。能亲耳聆听习总书记在讲话中对红船精神的阐述，更是备受鼓舞，同时又有了更多的感悟。

"临行时，习总书记再次与纪念馆工作人员一一握手告别，并勉励年轻人好好干，他边握手边说道：'都是年轻人啊，两个一百年的奋斗目标要靠你们去实现啊！'走出纪念馆馆门时，习总书记说道：'这个馆办得不错！'临行时，习总书记与我握手道别，并对整个解说工作表示肯定：'你讲得不错！'从我自己的角度理解，这一方面是习总书记对本次接待任务的肯定，另一方面是对年轻人的勉励与鼓励。车队离开时，习总书记和常委们打开车窗，和大家挥手告别，此时是 2017 年 10 月 31 日下午 5 点 45 分。"

"袁晶，这是对你宣讲工作最大的肯定！我为你骄傲！内心再次为你激动，为你高兴！"

"谢谢你，沈老师。"此时袁晶的眼睛如水晶一般清透而晶莹。

投我以木瓜，报之以琼琚

我拿起茶杯喝了一口茶，继续问道："2017 年，你当选全国人大代表。履职以来，你重点围绕哪些方面建言献策呢？"

"我是围绕'如何弘扬中华优秀传统文化，继承革命文化，以中国特色社会主义文化的繁荣兴盛，凝聚起实现民族复兴的磅礴精神力量'等方面积极建言献策。在第十三届全国人大一次会议浙江代表团审议李克强总理所做的政府工作报告现场，我围绕'以红船精神推动中国特色社会主义文化建设''弘扬红船精神，要和文化浙江建设结合起来''着眼建党百年，全力打造弘扬红船精神示范地'三方面做了主题发言，并提出《将红船精神纳入全国中小学教学课程的建议》。在工作实践与对相关部门的走访中，我也萌发了更多思考。嘉兴南湖是党的诞生地，嘉兴乌镇还是世界互联网大会的永久举办地，政治、外交等各类重要活动十分频繁，而电力保障正是这些活动成功举办的必要条件。于是我提出《关于规范重要活动场所电力设施配置与运行要求的建议》，进一步规范重要活动场所的电力设施配置与运行要求，以保障重大活动成功举办，展现中国风采，提升国家形象。"

"那你在履职过程中，参加或者参与了哪些专题调研呢？"

"我在围绕'推动浙江更好融入长三角地区一体化发展'这一主题时，认真参加调研活动，积极发言，建议利用杭黄铁路建成的契机，做好规划，打造更多的精品旅游项目，把长三角地区的旅游线路、把旅游资源充分利用好，把盆景变成风景。在第十三届全国人大二次会议期间，提出《关于在长三角一体化发展战略下加强大运河文化带建设的建议》，实现长三角城市群发展与大运河文化繁荣共同推进。我在担任最高人民法院第三届特约监督员时，充分发挥特约监督员的重要作用，共同维护社会公平正义，促进司法公正，为国家的法制建设与和谐社会尽绵薄之力。在参加最高院特约监督员三巡巡回区的座谈会上做了发言，结合自身工作实际和调研情况，提出了建设性的意见和建议，希望各级法院能进一步在规范司法行为、提高公正司法水平和深化执行攻坚上下功夫。并提出《关于在长三角一体化发展战略下加强大运河文化带建设的建议》，实现长三角城市群发展与大运河文化繁荣共同推进。"

听着袁晶娓娓道来，我不禁脱口而出："袁晶，你履职很到位。佩服你的认真。"

"沈老师，从当选全国人大代表的那天起，我就时刻提醒自己，代表人民履行职责，既是组织的信任重托，也是人民给予的荣誉，更是一份责任。只有尽心尽力履行好自己的职责，才对得起'人民代表'这一称呼。我作为一名基层党史宣讲者，从日常工作中发现，宣讲红船精神，是为了引导参观者追寻红色足迹，寻访初心，感受中国共产党走过的光辉历程。但目前的参观者多为广大党员和干部，至于如何引导和推动广大青少年学习红船精神，了解建党历史，还没有系统的教育安排。我觉得这不利于年轻一代对红船精神的认知、感悟和践行。立足于学校的教育功能，我这几年走访了多所中小学，同时参加各中小学公益性的'国旗下讲话'，和青少年进行交流；前往嘉兴教育学院，和相关专家进行多次探讨。为了让共产主义事业的接班人能更早更好地熟知建党历史，体悟红船精神，不忘初心，担当起新时代中国特色社会主义建设的伟大使命，我建议将红船精神纳入全国统一的中小学教学内容，全面融入语文、思想品德、历史与社会、政治等课程的教学中，引导学生深入学习红船精神内涵，从中汲取力量，培育担负起新时代重任的首创精神、奋斗精神和奉献精神。2018 年 9 月，嘉兴以敢为人先的首创精神，在全国首发了以'红船精神'为主题的地方教材，成为传承'红船精神'、落实立德树人、培养时代新人、打造新时代践行'红船精神'示范地的一项重要举措。"

我看着她晶亮晶亮的眼睛，非常认同地说："确实，理想教育从孩子抓起，才能将'红船精神'深耕于心间！"

袁晶点点头，继续说道："2021 年是中国共产党百年华诞，南湖红船作为中国共产党诞生的象征性符号，不仅见证了波澜壮阔的百年征程，更承载着人民的重托、民族的希望。在第十三届全国人大三次会议时，我提出《关于增设中共一大纪念船武警哨位的建议》，守护好这条被习近平总书记称为党的'母亲船'的中共一大纪念船。"

"每次参加会议回来，你会为大家讲哪些主题讲座？"

"红船驶进中国梦、中共一大代表的人生轨迹、革命精神记心间、民族精神代代传等主题的讲座，在部队、学校、社区进行宣讲共计 100 余场吧。

"近 5 年的履职时间里，我始终牢记神圣使命，一路心怀敬畏，做好人民群众的桥梁，满怀光荣与梦想，肩负使命和责任，努力成为一名有担当、有情怀、有作为的新时代人大代表。这些真是我内心所想，也是这么做的。"

我认真地点点头："我相信！"

袁晶笑了，笑容很是灿烂。

古人学问无遗力，少壮工夫老始成

"你还能想起自己在初成长的时候有什么印象深刻的事情？"

"刚刚到单位自己就是一张白纸，对吧？我是很用心地学习的。一开始以为宣讲是跟旅游沾一点边的，实际上一走进这个纪念馆之后，感觉跟原来学的完全不一样，因为它是个党史纪念馆，很多东西都是从零开始，很多内容得自己去多看多提炼多学习。我到现在都有剪报的习惯。"

"啊，真的？袁晶，我也有剪报的习惯，当然，我剪的内容和你剪的党史类文章不一样，我是理论版文章和文学类文章。"

"沈老师，我和你一样，因为感觉自己在好多知识点上是浅薄的，甚至是空白的。"

"这点上我们有共性，我刚毕业时也喜欢逛街喝咖啡，但是觉得时间不够用，为了让自己不至于浅薄，就只能将喝咖啡和逛街的时间用来看书了。"

"这是初期，中期时遇到一定的瓶颈，也会很迷茫，所以中期我曾考虑过离开这个岗位，只是后来仍旧回归宣教岗位了。我也想过接下来的 20 年该怎么规划。"

"聊到这里，袁晶，我突然想到一点，你应该以更开阔的眼光去看后 20 年，你不要说'我要退二线'。旁观者清，就像别人看我一样，我们有相似的境遇，都很努力，都很想去为一颗初心或者是一份理想做一点什么，我倒是鼓励你继续在一线工作。"

"为什么，沈老师？"

"我想象着，你能成为一个有文化积淀和厚度的讲解员，和年龄无关，但和历练及文化底蕴有关。带着自身沉淀下来的社会阅历，博览群书积淀下来的那种自信美丽，来讲解我们的党史，你在历史面前永远是年轻的。"

"沈老师，这句话你说得对。我觉得，等我退休那天，南湖革命纪念馆这本书我也没有读懂，没有读透。纪念馆就是一本厚重的党史。"

"所以，袁晶，我们要摒弃周围的一些嘈杂的声音。在纪念馆这本书面前，如果你觉得到退休仍没有读懂、读透，那么你不妨用一辈子时间去读。"

"你可以做真实的自己，安安静静地去读党史这本书。你讲解不一定就是在一线，你不讲解也不一定就不在一线。"聊着聊着，我觉得我们俩不像一般的采访者和被采访者，我们更像两个讨论理想和初心的人。袁晶一脸淡然，纵是人生迷茫，依旧保持微笑向暖的生活态度。

"沈老师，看来，我应该去看点哲学书了。"

"哈哈，对，这正是我想建议的。"

"讲到哲学，成长路上真正指点你的不一定是身边的人，有的人可能只跟你接触过一次，但是对你的影响很大。比如我们浙江一所不是很有名的高校的马克思学院院长曲士英，由于工作关系，我们接触了一次，他就对我说'你今后要往为别人上课这个方向去发展'。然后我学会了自己去梳理，院长给了我一个研究方向，我自己列了一个框架，后来发现跟一些老师说的思路竟然是一样的。他就邀请我去他们学校上课，说范围很小的。结果到现场我傻掉了，要在全省马院院长会议上上一次课。曲院长是一位真正的学者，他很低调，也很包容，会包容比自己强的人，还反过来提醒你做得不到位的地方。就是说他不怕你压过他。"

"袁晶，遇到好领导确实是一种幸运，因为千里马常有，而伯乐不常有。"说了这句话，我们不约而同地沉默了一会儿。

"对了，今年上热搜的照片《当南湖红船遇见双彩虹》，里面的人是你吧？"

"是我，说到这事是非常巧合的，嘉兴日报社田建明老师，他也是一个钻研业务的人，他要参加 2021 年的一个视频比赛，所有素材都要现拍。那天我在单位，天气不大好，我们先在馆里补了点镜头，我看了看天，快要下雨了，问他还去不去，他说去，我们就去了，我担心下雨还带了把伞。等到 7 点多，雨停了，突然就有彩虹了。现场没有一个在编的工作人员，看到彩虹时，我一下子安静了，觉得那一刻我可以放下所有。想想建党百年这样一个具有纪念意义的时间，我看到彩虹了。田建明老师也有点激动，立刻就拍下了那张照片。"

"看来，袁晶你注定跟红船有缘。"

"沈老师，谢谢你真诚的鼓励。我觉得很温暖。"

"这也是我的心里话！"

"哈哈哈……"

在一片澄澈的笑声中，我们的对话结束了。走出来时，周围已经一片寂静，唯有天空中一轮圆月特别明亮。看着月光下娇小的袁晶，此时若把她比作画，那她便是一幅素雅的水墨画，数笔落墨，写意的是袁晶意蕴深远的淡墨人生。

专访于 2021 年 10 月

拨云寻古道，倚树听流泉
——专访杭州高级中学校长、特级教师蔡小雄

人物名片：蔡小雄，浙江温州人，理学学士，教育管理学研究生，全国首批正教授级高级教师，中学数学特级教师，中国数学奥林匹克高级教练，中学数学教育最高奖"苏步青数学教育奖"获得者，全国首届高中数学优质课一等奖获得者，杭州市"131"第一层次人才，杭州市享受市政府特殊津贴专家。2017 年 8 月，任浙江省杭州高级中学校长、党委副书记。2019 年 9 月，被教育部授予"全国优秀教育工作者"称号。个人专著有《更高更妙的高中数学思想与方法》，编著有《代数变形》等 4 册。

冬天的微微晚风中，我到了杭州。这是一个无月色的夜晚，暗处浮动着蜡梅的清香。今晚的采访对象，杭州高级中学校长蔡小雄在门口等我。他中等身材，不胖不瘦，脸庞棱角分明，神色冷峻；乌黑深邃的眼眸，闪着智慧的光芒。见我还没吃晚饭，已经吃过饭的他又坐着陪我，绅士地为我拿这里最具特色的猪油菜饭，眸光温润。饭后我们坐在大堂里，开始拉开这位来自温州市平阳县的教学者的故事帷幕。

蔡小雄（右）和本书作者（左）

玉壶存初心，朱笔写师道

"我读高中时，当时平阳县第一中学（以下简称平中）校长申请了一个政策，面向全县教学水平相对差的农村地区招 50 个学生，这就是首届农村地区班。当时我是以全县第六名的成绩考进去的，语文老师就是后来比较有名气的作家姚易菲，班主任是化学老师郑肖文，后来他当了平阳中学的校长，又到温州市当化学教研员。高二文理分科的时候，这个农村的重点班相当于被拆掉了，本来我是想去读文科的，但是班主任将我划入了理科班，因为当时我是班长。这些老师都很认真、很严谨，包括我的初中班主任李其昌，对我影响都很大。从他们身上，我看到了老师的伟大，看到了老师对学生成长的影响。那时候我就有一个想法，我也要当老师。到高三的时候，我还是学校的校团委副书记，是唯一参加教工会的学生。1989 年，我高中毕业，被平中推荐去读师范大学。在师范时我读的是数学系，数学是万物之基础，真的是这样。1993 年回母校平阳中学教书，第二年学校让我做团委书记。后来，我又从教学处调职，当了办公室主任。

"但我始终觉得当一个老师，首先要教好书，所以我对自己不是要求行政上的进步，而是开始做一些研究。我订了很多有关数学教学的杂志，先开始理论学习，再尝试写点教学体会性的文章。1996 年我发表了第一篇文章，记得是刊发在《湖南数学通讯》上，现在这个杂志已经不办了，但我始终没有忘记自己想做一个好老师，一个优秀的老师的初心。"此时的蔡小雄一双眼睛亮若星辰，周身都透着一股书卷气。

"后来在课堂教学上参加县里、市里的优质课评比，不光拿了一等奖，还是一等奖中的第一名，因此在 1999 年上半年，我代表温州地区参加浙江省首届高中数学优质课评比，最后获得了优质课评比一等奖中的第一名。下半年在瓯江开了一堂公开课，来听课的老师中有浙江省杭州市第二中学（以下简称杭二中）数学特级教师姚忻康，杭州市普通教育研究室副主任、数学特级教师施储。他们听课后找到了我们校长，邀请我到杭二中去任教。

"开完公开课的第二天晚上，我就接到了时任杭二中校长徐承楠的邀请，我被徐校长的诚意、热情深深感动。虽然当时还在想，杭州不是还有个一中吗，二中大概是排在一中后面吧。徐校长很坦诚地对我说，可以先出来看看。于是在那年冬天，我一个人跑到杭州来了。坐出租车的时候，我才知道杭州老百姓心目中最向往、最好的学校就是杭二中。到了学校，徐校长非常热情，我感受到了一位名校校长的教养和真诚。

"我回去以后就跟家里人商量，决心要去杭州，这事也得到了我老师的支持。那时候我是学校和教育局的培养对象，学校校长和教育局局长都是我的老师，都很支持。"

我有些羡慕地说："我觉得你一路遇到的老师都非常无私，也都尽力提携你。"

"是的，他们也可以用很多理由将我留在温州。平阳是个好地方，但是对我的整个教育生涯来讲，舞台还可以更大一点，可以去教育理念更先进的地方，接受进一步的锻炼。2000年，我跨进了杭二中。"

"您是真的在跨时代。"

蔡小雄抬眸淡淡一笑，脸上有股隐约的执着和坚毅之色。

谆谆如父语，殷殷似友亲

"当时确实下了挺大的决心，孩子刚出生不久，没有带过来，到杭二中以后先是教高一两个班，在老校区住，就住在学校的单身宿舍，没教两个月，学校让我放弃高一的一个班，接手高三的一个理科班。因为这个班的数学老师当了学校的行政干部，就是现在杭州市教育局的副局长，数学特级教师王伟明。我就这样教一个高三班、一个高一班，快到期末的时候，学校又叫我再放弃高一另一个班，去接手高三文科班。文科班的数学老师也是因为人事调动，到浙大附中去当常务副校长了。"

我听得都有点紧张了："相当于您半个学期以后两个高一班都放弃，接手高三两个班，而且这两个班原本的数学老师特别优秀。"

"是哦。真的是对我的挑战。"蔡小雄挑了一下眉，眼眸明亮。

"那年 10 月份，我代表浙江省在南京师大附中参加了全国首届高中数学优质课的评比，最终组委会从比赛一等奖选手中选了 9 个选手的课堂录像做成光盘，由人民音像出版社出版。杭州市教研室和杭二中也为获得这样的荣誉感到自豪。换个角度讲，我也有了在杭二中的一席之地。"他那双清澈如水的眼眸中，总是蕴含着希望。

"那中途接手的两个高三班成绩如何？"

"当时都是最好的。学校又给了我一个新的任务，让我去带高二的实验创新班。当时整个浙江省只有两个创新班，一个在效实中学，侧重数学，一个在杭二中，侧重物理。原来教创新班的是一名资深的数学老师韩老师，因为年龄到了退休了。我刚去接班时，韩老师的办公室门口贴着学生的海报，上面写着'韩老师我爱你，就像老鼠爱大米'，可见学生有多喜欢韩老师。我刚接班的时候，学生还是有点情绪的。在这种情况下，如何建立起良好的师生关系？我是想通过学科竞赛，可是我们这个创新班是侧重物理的，纯粹钻研数学竞赛的只有一个学生，物理跟数学兼学的才 8 个人。我很努力地去带这个班，刚开始学生很舍不得韩老师，后来在上课过程中，学生觉得新的老师也不错，慢慢地我赢得了学生的理解和支持。

　　"教了一两年后，这个班唯一只钻研数学竞赛的学生沈旭凯不仅拿到了全国联赛一等奖，而且进了省队冬令营。那段时间，我一个人带着他做题目，一起吃饭，一起打球。当时冬令营决赛在湖南长沙举行，沈旭凯拿到了当年浙江省所有选手里的最好成绩，全国第 29 名，总决赛获得银牌。刚知道时，我俩都很开心。在长沙的路边小店里，我请他喝了一点啤酒，庆祝了一番。"虽然过去多年，但是我还是想象得到蔡小雄当时欢天喜地的样子，想象着蔡小雄咧嘴大笑，然后大口大口豪饮着啤酒。

　　"后来这孩子保送去了清华大学，学电子信息工程，然后又到斯坦福大学深造。他毕业后在美国休斯敦石油公司工作。直到美国一个很有名的媒体报道，有个华人科学家沈旭凯，用他研究的一个技术在墨西哥湾发现了储量很大的石油，我才知道他在美国成了一名科学家。这个孩子跟我感情不一样，他读大学后，几乎每年回杭州，都第一时间来看我。前几年，每年都给我带印有清华大学 logo、斯坦福大学 logo 的杯子当礼物。当这孩子第四次带杯子的时候，我忍不住问他为什么一直带杯子给我。他说：'蔡老师，一个杯子就是一辈子的事。'那一刻我眼泪都掉下来了。去斯坦福大学的第二年，圣诞节前夕，他从美国回来看我时，给我带了一条印着斯坦福 logo 的红围巾。我儿子从某种程度来讲也受他的影响。我儿子去年到美国麻省理工学院读书时，他还特意开着车子去探望。沈旭凯喜欢数学，可能在某种程度上也喜欢数学老师，所以无论走到哪里，他都能跟我保持一种很亲密的联系。"我从蔡小雄的眼睛中读出了他对沈旭凯如父对子的浓浓情谊。

　　"专门学数学的沈旭凯成绩很优秀。另外 8 个兼学数学的也不差，全都获了奖，其中有 4 个人获得一等奖。有个小女孩前两天刚来看我。她拿到全国首届女子奥林匹克竞赛银牌，全国第 11 名，2003 年参加的高考，数学考满分。小沈你可能不知道，2003 年是我们高考历史上数学最难的一年，难到什么程度？一般杭二中数学高考平均分是一百二十几分，那一年只有 100 分不到，她居然能考满分。中科大为她开放了所有专业让她选，她毫不犹豫选了中科大数学系。"

"哇，她也可以说是继承了您的衣钵。"

"她已经是两个娃的妈妈了。前两天来看我，喏，这是我们的合影。"

"智商和颜值都在线啊！"我笑着对蔡小雄说。

蔡小雄脸上显出几分得意之色，好似我在赞赏他的女儿一般："是的，她在中科大读的本科，后来到美国读的研究生。现在在美国华尔街银行工作。"

"什么时候，这些人才能够为我们国家工作该有多好。"

"相信一定会的。"蔡小雄坚定地点点头。

"这一届学生带好后，学校觉得我的管理能力也可以，想让我做学校的中层。当时我在中层干部跟班主任之间，毫不犹豫地选择了当班主任。这也是我从教生涯近 30 年间，唯一完整地当了三年的班主任，那是 2006 届的实验创新班，有 38 个学生，还是侧重物理。

"这三年的班主任经历，我收获很大，学生和我感情也特别好。这个班从某个角度来讲，也是杭二中高考成绩最好的一个班。50% 的学生被保送，或者被清华大学录取，这个成绩估计到现在也没人超过，那一年浙江省高考理科的第一名、第二名，都是我的学生，数学都是满分。这个班的 38 个学生拿到了 24 个全国联赛一等奖，包括化学、数学、物理等联赛。其中全国数学联赛的名额拿到了 10 个，当年整个浙江省 45

个名额，我们班占了四分之一。浙江省数学竞赛分数前 10 名，全国就是 40 多个一等奖，而且整个浙江省数学竞赛前 10 名里面有 5 个是我的学生，第二名、第三名、第六名、第七名、第八名，代表浙江省参赛的学生占了一半以上。有个学生叫卢毅，是杭二中建校 120 年来唯一的一个全省理科高考状元。他是金华人。那年高考结束后，高三老师去放松旅行。我当时躺在泰国的沙滩上，穿着很夸张的衣服在晒阳光浴，结果接到校长一个电话：'蔡小雄，出大事了，你赶紧飞回来！'全省第一名、第二名都是我的学生啊，一大堆的媒体在学校等着采访我。当时还可以宣传'状元'，杭二中是第一次出状元。我一下飞机，还没到新校区，在老校区就被媒体围着采访，我也上了中央 3 台、浙江卫视。"蔡小雄眼中掩饰不住的喜悦，如同海潮浩荡，哗啦啦地倾泻出来。

"这一届学生给我留下了特别深刻的印象。2006 年他们读大学的第一个中秋节，那天晚上 8 点多的时候，我收到的第一条拜节短信，是这个班的学生发来的，第一条还没回，第二条、第三条……就来不及回了。过了几分钟，电话响起来，这个班的班长给我打电话，他说：'蔡老师，今年我们在北京的同学一起在北大未名湖边过中秋节，因为每年这个时候，我们就想起你在我们读高中的时候，跟我们一起过中秋的样子。'"

"真的？那你爱人和孩子咋办呢？"

"这好办，我把他们俩一起带过去，在操场上，买的月饼一人发一个，然后赏月畅谈。班长去了北大，当时班里有 19 人在清华、北大、人大等学校。他们给我打电话时，我热泪盈眶，觉得这是当老师最大的满足和幸福。"蔡小雄欣慰地笑了，露出一排洁白整齐的牙齿，融化了这个冬天的清冷。

"现在这批学生都在世界各地，有几个学成归来？"

"这两年回来的越来越多，这批优秀的孩子，一般清华、北大毕业以后都是去美国的大学深造，然后留在美国工作一段时间，再回来的也有，所以现在我的学生很多在北京，小部分在杭州工作。杭二中老师有时开玩笑说：'蔡小雄你是最没有学生资源的老师了，我们教普通班，学生都留在杭州了，你那好学生都在纽约、北京。'我儿子考进北大数学系，报到那天我送儿子去的，在北京的学生听说蔡老师来北京，在北大校门口最好的酒店办了两桌，请我和他们师母吃饭。那天晚上喝了一点酒，我感觉得到，当在国务院、商务部工作的这批学生来敬我酒的时候，儿子和爱人看我的眼光是不一样的。觉得我的学生这么厉害，都在重要的岗位、重要的部门工作。

"经过多年的数学研究，结合每次的高考题型，我在 2009 年写了一本书《更高更妙的高中数学思想与方法》。这本书的封面就是我的微信头像，现在这本书已经是第十版了。如果不是我太忙的话，今年应该是出第十一版的。2009 年开始，我将带毕业班和带竞赛的思考和经验写成书，因为我意识到自己走上行政岗位以后，对数学教学投入的精力可能会少一点，必须对前面进行一个总结。我自己也没想到的是这本书成了真正的畅销书。大前年有一个青春偶像剧《以你为名的青春》里有这样一个镜头，两个学生，两个青春美少女走进新华书店，拿起来的唯一一本书就是我这本《更高更妙的高中数学思想与方法》。为什么这本书如此受欢迎？因为它是市场上唯一一本讲高考数学最难题解法的书，从今年开始我两年修订一次。评价都很正面，不用做任何宣传，因为这本书喜欢上数学，因为这本书在高考中超常发挥，因为这本书走上了从事数学教育道路的人有很多。这本书不仅影响了很多学生，还影响了不少老师。我现在有自己的工作室。浙江省教育厅官方网站上有蔡小雄名师工作室，室员有 1948 人，正儿八经在职的有 20 多个。这批徒弟现在有些很能干，有职称评上正高的，也有评上特级教师荣誉的，还有一大批评上了省市教坛新秀。教学应该有传承。带着他们上课，带着他们做科研，带着他们著书立说，出了一系列高妙数学解题书，所以我变成了'高妙之父'。"蔡小雄通身上下洋溢着自信，又非常温和。他对数学教学有一种锲而不舍的追求，对于数学的态度比一般人更积极，更主动，更持久，更富有创造性。

"你儿子好优秀，一般来说，把所有精力奉献给学生的老师的孩子，成绩反而不怎么好。"

"言传身教吧。儿子的这些师兄、师姐对他影响很大。他对我说，'我也要像这些哥哥、姐姐一样，到世界名校去读书'。这就是教育，是身教的力量。儿子考上北大数学系，从某种程度上说也有我这本书的影响。他也是做了这本书，参加了数学竞赛，高一拿全国二等奖，高二拿一等奖，高三不仅拿一等奖，而且拿到当时杭州市唯一的金牌。凭着这块金牌，北京大学给他的条件是只要上一本线就可以去读。后来他高考成绩当然远远超过一本线。选专业的时候，儿子毫不犹豫地选了北大数学系，也算是传承衣钵了，现在他也去了麻省理工深造。"看着他发自内心深处的微笑，我也为他有这样的儿子而高兴。

轻盈数行字，浓抹一生人

"我平时边带竞赛，边教学，边写点教学文章，慢慢名气出去了。后来慢慢走上了行政的道路，又当办公室主任、教科室主任，又当重点班的数学老师，这样做了两三年。2010 年开始做副校长，管学校两个校区的行政、人事、财务这一块，所以那段时间比较忙，学科竞赛就不带了，叫徒弟带。还是上一个重点班的课，但竞赛不作为主教练。杭二中的管理压力也很大，而且当时的校长对我也很信任，管钱、管人，两个最重要的事情都放在我手里了，这就是信任。

"2012 年我调到杭十一中做校长。杭十一中是一所百年老校，校园面积只有 29 亩，非常小，24 个班，提出'多元发展，做最好的自己'的理念。我还是给学生上数学课，但是管理忙，就上选修课，挑全年级最优秀的学生上培优课，上完课学生对我评价也很高，学生还送了我一幅漫画，上面写着'桃花潭水深千尺，不及校长送我情'，还有全体学生的签名。这些学生成绩虽然比杭二中的差很多，但是心地非常好。他们也很不容易，十一中跟杭二中生源质量相差很大，但是他们也需要前景，所以在十一中的 3 年半我做了什么？就是给他们寻求多元化发展的路径。我注意到这所学校的校史，里面写的是这是浙江省第一所女子学校，1904 年创办。国内的一些女子学校，办得最成功的是上海第三女子学校，现在还在，因为它培养了宋氏三姐妹。当时我第一时间和教育局主要领导沟通，说十一中能不能恢复女校，单招女生。教育局领导出于多方面考虑，否定了这个方案。后来我灵机一动，办了全省第一个女生班，当时我就对他们开玩笑，也许十一中的学生文化课成绩不是最好的，但是各方面的修养都是上佳的，尤其是这批女生，端庄、秀丽、温柔、体贴，多才多艺。所以除了文化课以外，我还给她们开了一些有利于女生成长的课程，比如琴棋书画。除了女生班，我又让学校办美术班。还有就是让他们往传媒院校的方向发展。传媒不一定都是播音主持方向，编导、编辑各方面专业都有。一连串措施下来，学校连续 3 年高考第一批上线人数增长明显，尤其是考入美院、传媒大学的学生数量倍增。"听着蔡小雄对学校的规划，我不由得感慨，他真是一个对工作满腔热情，对学生充满爱心的好老师。

"2016 年 1 月我调到杭师大附中，前任校长调到省教研室做主任去了。杭师大附中其实跟杭师大没有一点关系，它就是杭十三中。我当了一年半的校长，这所学校是当时杭城占地面积最大、办学品种最丰富的学校。"

我忍不住笑出声："您是从占地最小的学校调到了占地最大的学校啊！"

"对，从最小到最大。杭师大附中校园面积将近 200 亩，当时肯定是最大的了。我提出'办适合学生的教育，成令人尊敬的学校'，杭师大附中办学品种最丰富，有校内班、新疆班、国际班。新疆班专门招收新疆学生，教育费用由政府买单。国际班就是中外合作办学。新疆班的学生一年就回去一次，有些人过年也不回去，过年都是我们老师陪着的。八月十五中秋节的时候，每个老师分配 3 个学生，把他们带回家过节。和新疆班学生相处了一年半，我也有很多收获。新疆班学生非常淳朴，非常友好，也非常重感情。课余时我还跟他们一起打排球、乒乓球。每年这批新疆班学生回家，上车前都会跟我热情拥抱。有些孩子已经上车了，看我还在又跑下来，眼泪汪汪地跟我拥抱，男生女生都有。有女生跟我讲，等毕业了带羊来看我。新疆班孩子的成长性也特别高，到现在为止，新疆班高考成绩最好的还是我当校长期间，有好几个考上北大、清华的，到现在为止还没老师打破这个纪录。

"杭师大附中在前任校长打造下，是有一些课改特色的，像实验学校一样。现在我们新高考叫走班，但杭师大附中是全省少数几个彻彻底底实行分层、分类、分项走读的学校。而且学生走班不走心，走班不走形，教学质量仍然很好，升学率上了一个新台阶，学生在学习方面也更自信。

我在那期间也上课，带高三最好班级的学生。我下午 5：00 开始上到晚上 7：00，因为白天我管理很忙，没时间上课，所以经常是这个时间点，饿着肚子上课。学生为了抢位置听课，也饿着肚子去听我的课。"

"抢位置？"我好奇地睁大眼睛，"为什么要抢位置呢？"

"当时学校让我带一个班，大概是经过遴选，年级排名还可以，就是数学特别弱，班里一共 65 名学生。但可能是因为听说我是特级教师，又是全国首批正教授级教师，在数学教育界名气还可以，第一天来听课的有 70 多个，第二天将近 90 个，最后稳定在 100 个左右，但座位只有50 个，所以上课时讲台两边都坐着学生，有些女生为了抢位置，晚饭都不吃，去买个饼干就来听课。虽然上的课时不多，每个星期给他们上1—2 次，也是培优班了。也有老师来听课，好似每周在上公开课。"蔡小雄眼睛里一直有对教育事业的执着、坚定。

蔡公桃李满天下，化作春泥更护花

"2017 年 8 月我进入了杭高，也就是当年的杭一中。杭高当年底蕴深厚，校友资源丰富，有 52 个院士，全国排第三，仅次于上海中学、南师大附中。鲁迅、叶圣陶、朱自清、陈望道、徐志摩、郁达夫、金庸、李叔同，还有当代的徐匡迪、卢展工，都是我们的校友。

"30 年前杭高的确比杭二中好。现在我们喜欢用升学率来衡量一所学校的好坏，当年杭高升学率辉煌到什么程度？全省高考前 10 名，有一次杭高占 9 个；有一年清华大学在浙江招 35 个人，33 个是杭高的。

"杭高这所学校由于自身的辉煌，走了一段过于宽松的历史。孩子成长到高中阶段，面临升学这种选择的时候，过于宽松其实是不利的。在成长的关键期，学生需要指导和约束。所以我一方面对学校的辉煌历史感到很敬佩、很震撼，一方面对当下的困境感到很无奈。我在寻找学校发展的新路径和新的突破点。杭高在 2017 年 8 月以前，中午学生都是可以自由出入的，我 9 月到任后，第一件事情就是把门关上，不允许学生中午出去走街串巷。学生中午可以出去意味着什么？意味着学生早上第 5 节课不安心，他们会想中午去哪里吃饭，或者拿网卡去玩一小时游戏，下午迟到的都是这批学生。一个延续了几十年的习惯，被一个新来的校长一声令下就改了，所以学生就在知乎上骂人了。杭高学生以人文见长，会写文章的，大家骂我的话，洋洋洒洒几千上万字的都有。一开始网络舆情挺严重的，但两周后，舆论一边倒，全部在支持我。因为中午不能出去，食堂会办得更好。以前食堂为什么办不好？今天 400人吃饭，明天 500 人吃饭，你让食堂怎么准备菜？现在用餐人数稳定在1700 人，我就可以对食堂提要求了，这样也能让学生吃得更好、更安心。我要求，杭高的老师必须吃上三星级以上标准的自助早餐，这个第二个月就实现了。中午，学生在阅览室、图书馆、草坪上阅读，那才是一个学校该有的样子。

"还有一个情节让我挺意外，原来骂我的学生，悄悄给我办公室塞字条，'校长对不起，当初不理解'。甚至有几个男生到办公室给我90°鞠躬道歉：'校长对不起，当初我骂了你，现在发现也挺好。'因为我们现在实行的政策是'宽到底，严到位'，宽的可能更宽，严的可能更严，有些方面可以更宽松一点，比如说对最优秀的学生可以免试、免修、免考。他们可以不做作业、不来听课、不参加考试，可以钻研自己喜欢的东西。我当过创新班班主任、数学老师，我支持让优秀学生飞得更高、跑得更远。更严格的地方在哪里呢？就是中午关校门，学生白天就应该待在学校里。

"我做的第二件事是引进和培育特级教师。我觉得名校之名，不是在名楼，而是在名师。杭高百年名校，只有两位特级教师，还不是自己培养的，而是前几年从外面调进来的。两年半过去了，现在杭高有8位正教授级高级教师、12位特级教师，创造了新的教育历史。

"最后是让学校的教学、学校的管理、学校的文化更有底气。2017年我刚到任的时候，这所学校的高三毕业生有42人被浙江大学录取，一年后，翻了一倍还多。其实我只是提高了学生在校的效率。怎么提高的？因为培育了一批名师，因为教学更规范，老师更认真，更负责，更有凝聚力，更有精气神了。学校在上升，教师也觉得有干劲，有盼头。杭高的老师上下班不打卡，但体育锻炼、健身需打卡。练瑜伽、打篮球、踢足球……锻炼得多，工会还发奖励。"我看着蔡小雄，他始终背脊挺直，如白杨树一样挺秀的身体中，蕴含着坚韧的力量。

"老师7：20前在学校吃早饭是免费的，7：20以后象征性地收一点费用，早餐是自助式，有四五十个品种。中餐晚餐的品质也提高了，学生老师都很开心。2018年的时候我就把经营了16年的食堂老团队换下来，引进了有品牌的餐饮企业，是当年给G20杭州峰会提供快餐的企业。这个大公司的两个老板都是浙江大学毕业的，他们给我讲理念，一讲就是一个多小时。文化人不会只盯着钱，他们有想法有理念，把全国各地的名小吃都引进了学校，所以在杭高可以吃到缙云烧饼、嵊州小笼包、兰州拉面、骨头汤，还有咖啡、汉堡、牛奶、奶茶等。虽然硬件改变不大，但是食堂的饮食品种非常多。所以现在学生家长很可以自豪一下，因为杭高是当下杭城所有中小学里学生吃得最好的学校，餐费也不贵。管住人，留住心，把学生、老师的胃管住了，他们的心就更稳定，当然也更健康，整个学校的士气就上来了。原来学生住宿条件很差，这两年也彻底改变了，热水进寝室。"我想，校长需要的不仅是专业技能，更需要思考和沉淀。蔡小雄就是一位充满智慧的校长，他善于寻找更合理、恰当的方法，去沉淀我们的教育模式，去升华我们的教育思维。

据蔡小雄介绍，杭高建在明、清时杭州府贡院旧址上，现在校园内拥有"一苑一墙一井"（贡苑、浮雕墙、贡院古井）、"三园三室三亭"（亨颐园、养正园、树人园、校史陈列馆、鲁迅纪念室、校友文库、贡院碑亭、叔同亭、鲁迅亭）等自然和人文景观，融历史与现代于一体，还设有贡院驿站，出售咖啡、蛋糕等。

"一个学校很重要的是团队的精气神。2019年5月18日是杭高校庆120周年，我抓住这个契机做了很多凝心聚力的事情。校庆当天有6000多名校友预约，我们准备了8500套校庆纪念品。但是5月18号这一天来校园的有1万多人，还不包括两个校区4000多个学生，8500份纪念品远远不够。当时来的校友也让我们很感动，海陆空三军的少将校友到场，11位院士校友到场（杭高共走出52位院士，当时健在的院士有20位左右）。还有个神奇的事情，5月17号下大雨，5月19号也下雨，只有5月18号艳阳高照。"

我脱口而出："这就是一所百年老校的福气，天公也作美。"

"这场校庆实现了凝心聚力，作为杭高人很骄傲，老师的自豪感、家长学生的自豪感也上来了。我们2019年新办一所学校，叫杭高启成学校。评价学校有很多指标，刚才说的浙江大学招生数就是其中一条，是从42个到94个；学科竞赛获奖人数也是一条，2017年全国数学学科竞赛一等奖0个，2018年增至5个，2019年增至8个。我们用数据说话，没有加班，没有苦教、苦学，我只是加强了内部管理，让学生在校内学得更有效率，让老师更敬业、更用心，各方面质量就上去了。"

说到这里，蔡小雄两道浓眉都泛起笑意。

"2018 年 6 月，由杭高牵头成立了'中国卓越高中联盟'，与全国 12 个省市的 12 所名校共同发出守护教育生态、为国育才的倡议，'杭州美好教育'的理念一时辐射全国。这些就是在做未来的事情。一个是共享，一个是高层决策。2019 年下半年全国唯一新增的西安交通大学少年班，我们被审核通过。"他的唇边浮动着一抹自信，令人倍感振奋。蔡小雄最后对我说："在杭高，你无须仰望他人，自己亦是风景；在杭高，每颗星星我们都驻足欣赏，每项才能我们都给足空间，每个梦想我们都大力支持。"

不知不觉已经很晚，我起身和蔡小雄告别，他非常儒雅地站起身送我到门外，直至我叫到了回去的车，他才放心地转身回去。看着他的背影，我仿佛看到了他的责任感、他热情洋溢的爱心。他身上所散发出的一道道为教育、爱教育的光环，汇聚成一片灿烂光芒，让人倍生敬意。

专访于 2020 年 2 月

钱塘清风吹厨烟

——专访"浙菜大师"徐步荣

人物名片：徐步荣，浙江杭州人，中式烹饪和西式烹饪高级技师，中国烹饪大师（中国八大菜系浙菜领军大师）、浙菜大师（浙菜宗师）、餐饮业国家职业技能竞赛裁判员、国家级评委。曾获全国烹饪技能大赛金牌和"全国最佳厨师"称号、中国烹饪大师金爵奖、中华金厨奖、中烹协改革开放 40 年技艺传承特殊贡献人物奖等荣誉。1984—1993 年间，被外交部选派到中国驻加纳大使馆和智利大使馆工作并担任厨师班长、后勤党支部书记和俱乐部主任。1993 年 7 月回国后，先后在杭州之江饭店、华美达广场杭州海华大酒店、杭州新新饭店等担任餐饮部经理、副总经理、党委书记、总经理、董事长等。现担任中国烹饪协会特邀副会长、国际美食委员会主席，兼任扬州大学、浙江商业职业技术学院、浙江旅游职业学院客座教授。善于研究饭店管理和烹饪技艺，带徒传艺为社会培养人才。

至情至性游厨界

用至情至性来形容徐步荣再合适不过，他虽为南方人，却有着北方

徐步荣

人的豪爽和热情。整个人看着神采奕奕，好像做好了随时往前冲的准备。事实也是如此。当谈论起与他在厨艺路上相识的人时，他话语间显露的是感恩、温暖和快乐，同时也感染着坐在他对面采访的我们。或许这就是徐步荣作为性情中人独有的气质和影响力，而让这种气质延续的，正是徐步荣口中亲切讲述着的从厨的故事。

无心插柳柳成荫

说起徐步荣走上厨师这条道路，竟是源于上山下乡时期，在陪同省里同志来农村特招"出国厨师"时的机缘巧合。徐步荣上面有两个哥哥，下面有个妹妹，由于父亲在上海工作，母亲在杭州工作，两人都很忙，因此少年时，四兄妹要在家里轮流做饭，每人负责一周。有人说做厨师也非常需要天分，可是他根本不具备厨艺天分。那时候轮到他做饭，因为贪玩，也不太可能会用心去做，家里人觉得他做的饭是最难吃的。无奈之下，他只能将伙食费平均分给他们，让他们去离家最近的面馆将就一下。

回首往事，他怎么也不会想到自己会成为一名厨师。20世纪70年代，上千万城市知识青年投入了上山下乡的热潮，徐步荣也不例外。1975年刚高中毕业就插队务农，然而从小生活在城市的徐步荣并不适应农村的生活，为此他一边努力适应山区艰苦的环境，与农民打成一片，一边坚持寻找和等待一个重新回到城市的机会。

1978年来农村招工的同志走访了不少地方，符合要求的人屈指可数。招工组的一位同志，眼神聚焦在徐步荣这位20出头的高个帅气的年轻人时，几句话一问，正好够格，征询徐步荣的意见时，着实让他大感意外，经过一夜考虑，他最终"铤而走险"同意应招。

　　从此，徐步荣有了一生割舍不去的神圣职业。经过40多年的坚守、永无止境的学习，他成了一位名传国内外的中国烹饪大师、浙菜大师。

　　说是偶然，但又并非偶然。1978年，徐步荣被派到上海和平饭店拜师学艺时，正是中国迎来改革开放的好年头。上海和平饭店是接待境外宾客的重要窗口，便形成了一支实力雄厚的中、西餐厨师队伍。这对于刚入行的徐步荣来说，新鲜又刺激，并不断地鞭策着他不甘落后，同时不断改变着自己初始的观念，渐渐觉得中国烹饪真的博大精深，学无止境，它不仅能让人一饱口福，更是一种文化和艺术的展现。

　　更让徐步荣感动的是，他跟随的西餐师傅张增荣，当年已65岁，拜的中餐师傅林九已近60岁，但他们在厨房工作时，始终保持着良好的精神状态，干干净净，仪表堂堂，大师风范油然而生，对他们也挺好，既严格又关心爱护。当然，他自己也特别敬重他们，每天细听着他们讲述故事，操刀掌勺如同艺术表演。张师傅曾经常给民国时期的总统做菜，林师傅作为和平饭店的总厨师长，更是少不了担当重要的角色，曾在中华人民共和国成立10周年期间，被选派到北京人民大会堂献艺。在和平饭店当学徒的3年里，徐步荣从各位前辈师傅身上学到的不仅是技艺，更宝贵的是对厨艺刻苦钻研的精神。徐步荣一直记得师傅说的一句话，"好好热爱这门手艺，我相信你一定行"。虽然这句话不是豪言壮语，但它朴实真诚，它影响了徐步荣的一生，并时时激励着他坚持坚守，永不放弃。徐步荣从此对厨师这个行业产生了极大的兴趣，从那时候起，他深深地爱上了这一行。

夏馥从来琢玉人

　　学习厨艺是非常艰苦的，徐步荣对我们说，他要感谢少年时父亲曾让他举重锻炼，培养他顽强拼搏的毅力；感谢母亲送他下乡插队经受艰苦的磨炼；感谢师傅们鼓励他勤学苦练、努力坚守。相比较而言，能有今天的好日子是多么的幸福……

好师傅激发了徐步荣学艺的浓厚兴趣。在上海和平饭店学艺期间，宿舍在 2 楼，上班在 8 楼，冬暖夏凉，条件很好。为了多学点东西，徐步荣常常早上 5：15 起床，5：30 到中点房学做点心，直至晚上 6：00 左右，琳琅满目的宴会菜品在台面上准备就绪。所有的这一切，徐步荣记忆犹新。那时候总觉得时间不够用。徐步荣说，他总是随身带着一个笔记本，一看到新菜，就默默而又兴奋地记下来，到了晚上再誊抄到另一本笔记本上。近 3 年的时间，徐步荣积攒了 20 多本笔记。遇到困惑，他会不厌其烦地问师傅，师傅也不厌其烦地解答。师傅的原则是"明白了再干，不明白绝对不让盲目动手"。这句话徐步荣一直记在心里。3 年的学习，师傅言传身教的厨德修养提升了。靠着勤劳、谦虚、努力和智慧，徐步荣收获满满。现在翻阅这些笔记，他仍如回当年，清清楚楚。笔记本也见证了中华美食的丰富多彩。

东风吹着便成春

在上海工作的近 3 年间，徐步荣接触了很多优秀的厨师（在上海饭店，川菜、粤菜、淮扬菜、本帮菜和多国西餐等各个菜系，都有资深的师傅引领，把控品质）。徐步荣学成返杭后，特别是在 7 年的驻外大使馆的工作实践中，尽情发挥，花样翻新，赢得了中外宾客和大使的一致好评。

说起自己的烹饪风格，徐步荣说各个菜系都有相互关联的地方，在国际上要体现中国味道，在国内可以分出各个地方风味，要牢牢把握住

"好吃好看，好吃在先，好看其后"的要点。味道是中国菜肴之灵魂，好吃是基本要求，好看是锦上添花，大凡好吃不怎么好看，没关系，但好看不好吃，就会让宾客不满意。

徐步荣一讲起传统浙菜就滔滔不绝，他觉得既要注重传承经典，又要时尚创新。记忆里的老味道，那些有生命力和有故事的传统菜要保护好，如西湖醋鱼、杭州煨鸡、清汤越鸡等，让中国传统经典菜肴成为无声的美食大使，画出中国符号，传出中国声音，讲出中国故事。当然，作为浙菜，主要还是围绕清、鲜、细、嫩、爽、脆等特点，轻油忌辣，注重食物的原汁原味，通过食材的选用实现目标，像用西湖荷叶来烹制荷叶粉蒸肉，用龙井茶叶烹制清鲜味美的龙井虾仁，用饿养 3 天除去土腥味的 1 斤半左右的草鱼烹制西湖醋鱼，等等。

一朝璀璨源彩蝶

1999 年，徐步荣选择用"彩蝶双飞"这道菜，参加第四届中国烹饪技能大赛。蝴蝶造型摆盘是常见的参赛作品，很难得高分，因此，徐步荣前后对比，反复比较，最终摆出了亮点，形成了具有挑战性的精品，在比赛中脱颖而出，取得高分，最终获得金牌。整个蝴蝶冷盘，充分体现了其制作的 3 个要点：刀工精细、色彩鲜艳、形象逼真。徐步荣对我们说，这道菜每一片叶子，包括蝴蝶的翅膀和须都可以吃，并调了味道。18 种普通原料，经过加工调味，摆出了美观、实用、好吃的艺术拼盘。为了达到这个效果，徐步荣特地前往昆明观察各种蝴蝶，拍摄了大量的蝴蝶照片，最终确定了这道"彩蝶双飞"的造型。他告诉我们，这道菜的制作工艺，关键在于刀工技巧和形象图案，前期要一个半小时的准备时间。当时他是饭店副总，白天行政事务多，静不下心，所以充分利用晚上 8 点到深夜 1 点的业余时间，坚持苦练，最终功夫不负有心人，这道"彩蝶双飞"在很长一段时间里，成了一些烹饪学校的教材样板，成为冷拼刀工经典的代表作品。一道"彩蝶双飞"展现了徐步荣的高超技艺。

百味消融小釜中

徐步荣靠着精湛的厨艺通过了技能实操考核，被破格录用，成了最年轻的外派厨师。他在中国驻加纳大使馆工作了近 5 年，让许多外国宾客品尝到了好吃的中国菜。每一次宴请，徐步荣都把它当成一项非常重要的任务来完成：如何将一桌菜做好？如何才能让外宾满意，给他们留下深刻的印象？他下了很大功夫。

功夫要下到什么环节呢？徐步荣对我们说，菜单就是一个设计的重要环节。有一次，中国驻加纳大使邀请美国驻非洲大使吃饭，美国大使声称自己在非洲待了 20 多年，吃遍了中国餐馆，觉得没什么好菜。徐步荣因此特意安排给他吃火锅，在炎热的非洲，谁也不会想到吃火锅。火锅一出场，立即得到了这位美国大使的极力赞赏，味道鲜美的火锅，给他留下了难忘的印象。为了感谢他们，这位美国大使次日请自己夫人专程送上鲜花，带来了感谢信，既表达大使自己喜悦的心情，更表达了对中国菜的刮目相看。当然他们接待人员第二天收到鲜花时，也感到非常愉快。

不忘初心、牢记使命，这是他成功的秘诀。1991 年，徐步荣又被派往中国驻智利大使馆工作。在那里，他精湛的厨艺，不仅赢得了中外宾客的称赞，更让他当了一回电视明星。在智利时，智利国家电视台要拍摄一个文化交流片，片中有现场演示中国菜的节目。徐步荣展示了一个"双鱼戏水"的艺术冷盆、两个热菜。电视节目连续播出后，他上街时常常被人认出来夸奖。一次他去买冰淇淋时，店主还特意多给一点，以表达对中国厨师的尊重。徐步荣说，美食可以是历史、文化，可以是政治，可以是经济，融合于方方面面。能量这么饱满、这么充足，所以他觉得花一辈子、两辈子、三辈子，投进厨艺的领域里都很值得。

只留清味满乾坤

在厨艺得到行业和更多人的认可以后，徐步荣开始尝试更多地从健康的角度来看待饮食。从原料的选择抓起，合理、健康的饮食习惯，可以帮助人体自我修复，保持健康。他开发出的一道道创新菜，如十里飘香、翡翠鲈鱼等十分受欢迎。如翡翠鲈鱼，先将鲈鱼去骨片成片，用盐、蛋清等上浆，然后用水稀释青芥末，将鱼片入油锅滑开，往干净的热锅中倒入稀释的芥末调味勾芡，等汤汁浓稠之后，将鱼片放回锅中，轻轻推动，调匀即可出锅装盘。此菜突出的是调味的创意，保持浙菜鲜嫩爽滑的特点。调味得当是这道菜成功的关键，它既能很好地迎合浙江人的口味，又对轻微感冒有一定的疗效，一经推出就好评如潮。

徐步荣每天的工作时间大都在 12 小时以上。他告诉我们，每当回想自己走过的路，虽可称为万水千山，尝遍的又可称为国际美食，但世界太奇妙，新事物、新菜肴还是不断地涌现，用学无止境来形容是最贴切不过的，学习也带给他无穷的快乐。过去曾经留下不能陪伴家人的遗憾，如今，享受退休生活，可以圆上年三十的团圆梦，可以亲手为家人准备一桌团圆饭，感受亲情。

钱塘江畔美食繁

自小在杭州长大的徐步荣，对于钱塘江畔的美食，如数家珍。钱塘江畔自古繁华，原料丰富，有很好的天然资源，如鳊鱼、白鱼、甲鱼、江虾、笋、鲜菇等等，衍生出很多江鲜美食。由于资源丰富，江边餐厅可以给客人提供随到、随点服务，并按客人的要求烹制，常以清炖、清蒸，或加之简单的葱油等，保持其肉质鲜嫩，突出原汁原味、清淡养生的江鲜风味。最近他注重研究钱江流域的饮食文化和民间风俗，从钱塘江畔出去的游子很多，一切味蕾上的思念都可以是乡愁，家乡的美食会让他们记起乡愁的味道。

正如徐步荣大师所描述的，每一道菜肴不只是味道，不只是烹调方法，更重要的是它背后的故事和文化，所以，多少人在默默地努力。一个国家或者是一个民族，就如同丝路文化一样，在一路过来的文化里头，往往跟美食是心心相连的。

专访于 2017 年 12 月

岭上做羹汤，悠然见醉庐

——专访儒厨刘汉林

　　人物名片：刘汉林，江苏南通人。他是一个有趣的儒厨，喜画画、写字、拍照、冲洗照片、看画展，甚至做瓷器，是安妮宝贝（庆山）等笔下的趣厨子、雅厨子。

　　9 月初，叶子纷纷飘落。渡边淳一在《萍水》中叹"峭寒"，其本意似乎是"比凉重，比寒轻"。本是秋意渐浓，黄叶纷飞的季节，和刘老师约好的时间却艳阳高照，好鸟在树，淡香徐来。

　　走在通往相约之地的羊肠小道上，我轻闭双眼，贪婪地深吸一口气，恨不得把秋风里所有清新的香气全吸到肚子里。当一片绿中透黄的叶子蜻蜓点水般从我眼前掠过，我感慨，这便是秋了。我和刘老师从春约到了夏，从夏约到了秋，或许因为这秋意，我思绪万千。

　　片刻后，我见到了刘汉林。不是我想象中一脸油光或者高大健硕的厨师的样子，而是一位走路轻轻又始终漾满笑容，穿着中式麻布衣裳，书生模样的人。当我握住一只传递暖意的手时，才确认了这位就是用一把刀、一只勺、一口锅和简单的原材料缔造出无数美食的厨师，"醉庐"主人——刘汉林。他在平凡的烟火中体现非凡境界，让古老的烹饪文化

刘汉林（右）和本书作者（左）

流传五千年而不失其真。

梨花院落溶溶月，柳絮池塘淡淡风

刘汉林转身从竹篮中拿出一壶自己酿的酒，打开瓶塞，一股清香扑鼻而来。我好奇地问道："好清爽的味道，这是什么酿成的？"

刘汉林淡然地把酒倒出来，举手投足间足见从容。我当时就想，如果他穿了长衫，我会误以为自己穿梭历史时空到了过去。他答道："这是我自己酿的酒，梨花陈酿，用梨花，加上枸杞、红枣、山泉水酿的，很好喝，你尝尝？"

我拿起酒杯，轻轻地摇晃了几下，淡粉色的酒液沿着杯壁流动，如同朵朵梨花飘洒。仰首喝了一口，口感醇和。我半开玩笑地说："刘老师，你不像个厨师，反而像个拿捏各种生命精彩的高人。"

刘汉林淡然地笑了："我没当厨师是职业，只是一种兴趣。尝尝我的白切肉吧。"

我们一起进了厨房，看着他拿起一把菜刀，将一整块长条形的肉放在砧板上。刀起刀落，恍惚之间，我不觉得他是在切肉，而是在编排音乐。他说自己非常喜欢画画，画国画对他在菜品的构图和色彩搭配上有非常大的帮助。谈话间，他已经切完肉，摆好，又随手拿起一朵绿色的菜花放在盘子前端。我突然觉得这一盘白切肉好看起来，有了生气，仿佛一幅画。平时很少吃白切肉的我也不禁拿起筷子夹起一块肉送进嘴里，轻轻一咬，丝毫不觉油腻，肉质糯而鲜，回香悠长。我不由得夹起了第二块。见状，刘汉林咧嘴笑了："这肉原材料可是有要求的！肉是肋条。大火烧开，然后用文火烧一个多小时，再焖一个多小时。用筷子从皮中戳进去，有那种不拖油带水的感觉，糯糯的味道就对了。"这样一块肉居然要烧 3 个小时，着实让我盯着这一盘肉好久，果然美食都是需要时间打磨的。我今天的味蕾真是中了幸运大奖了。

"在你的厨艺生涯中，对你影响最大的人是谁？"

刘汉林脱口而出："是我的父亲。父亲敏锐的洞察力、对食物特性的把握以及为人处世都对我产生了潜移默化的影响。当年我父亲所在饭店接待过刘少奇同志。其实之前我一直从事其他行业，在工作之余，最多的时间都花在如何宠好自己的胃上。别人评价我能用很不起眼的食材创造出让人叫绝的菜品，用菜品展现一种意境。其实我认为，做菜和画画是相通的。"说到这里，他微微一笑，如一位翩翩佳公子，根本看不出是一位厨师。

他对我说："去年腌的咸猪头前段时间煮了，用了香草、葱、姜、蒜、大料等调料，柴火灶煨了 3 个多小时，香味四溢，咸香可口。煮猪头肉有多种做法，我喜欢放一大锅水，下面放好蒸架，猪头放在蒸架上，先大火煮，后文火蒸，浓汤厚油留在锅底，猪头出锅时干干净净，没有杂物沾染，香味醇正。"听得我咽了一大口口水。看我的样子，刘汉林又咧嘴笑了起来，我不好意思地挠了挠头。

刘汉林继续说道："还有锅巴，小时候常见，锅巴做菜也常有，可现在稀少珍贵。锅巴三鲜（也叫吱哩啪啦）算是家乡的传统家常菜，锅巴下油锅炸酥，三鲜烩好，一起上桌，三鲜浇到炸好的锅巴上，一阵轻烟腾起，吱哩啪啦，锅巴酥黄，香味扑鼻，入口软糯，真是一道超出三界之外的美食。"听得我又忍不住咽了咽口水，自己都笑了。

接着我继续问："在食材的选择上有怎样的标准？"

"首先要求新鲜，其次是正宗的产地。"

"说到食材，你脑海中首先想到的是什么？"

"去农贸市场看看新鲜上市的时令食材。我最喜欢逛菜场，而且和菜场的菜农、渔人、肉铺老板关系很铁，我不问价钱，他们也不会加价，知道我的要求是新鲜菜美，买菜时我们反而会聊一些与菜无关的事。"一次他逛到第二个菜场，付钱时，才发现钱包落在第一个菜场了，里面有很多现金，还有好多卡。正在焦急时，菜农通过钱包里的名片联系上了他朋友，他朋友又联系上他，让他去找第一个菜场里的菜农取。听到这里，我心里涌起一股欣赏，那是一种无价的信任，在这浮躁的年代里，仿佛是桃花源中才会出现的稀罕物。我微笑着对他点了头，他也微笑地对我点了点头。

谈笑有鸿儒，往来无白丁

正是在找寻闹市中的安静一隅的过程中，他寻找到一处没有车马喧嚣的地方，在篱笆之下采摘花草，悠然间，远处的山映入眼帘。每天山中的气息与傍晚的景色十分好，飞鸟结着伴儿归来。他说着说着，我脱口而出："那不是陶渊明《饮酒·其五》中的场景吗？'结庐在人境，而无车马喧。问君何能尔？心远地自偏。采菊东篱下，悠然见南山。山气日夕佳，飞鸟相与还。此中有真意，欲辨已忘言。'"因此他把他的地儿取名为"醉庐"，来的人很多。前几年偶然认识安妮宝贝（庆山），后来成了朋友。庆山曾经来村里小住几天，在他那里写了几篇散文，文中专门写了醉庐。这些散文和刘汉林的一篇散文一起被收入了庆山的新书《得未曾有》，放在第一篇"拾花酿春"中。刘汉林始终淡淡地说着，仿佛在说别家的事情，眼睛却明亮得很。

"前段时间，我看到诺贝尔文学奖得主奈保尔去世了，突然想起那年奈保尔来杭州，有幸给他做了顿饭，中国的味道……梨花陈酿的味道……都成了记忆。"我一惊，忙问道："原来麦家笔下的那个'他'就是你啊？"刘汉林点点头，眼神有些忧伤。

麦家的《接待奈保尔的那两天》中写道："为此，陈明俊专从海南请来一厨师为他掌勺：做了六道菜，没有一丝肉，却是道道有肉香鱼鲜，不愧为名厨。他还带来自酿的梨花酒，倒在杯中，米酒的色泽，梨花的异香，美酒的口感。听说奈保尔爱喝酒，我倒上一杯请他品尝……"当时刘汉林还做了一道西湖莼菜，用白茶做成汤汁，有鸡汤的味道，点心是春卷。他记得当时奈保尔点赞说太丰富了，太完美了。除了麦家先生的文章中提到，当时的《南方周末》也提到了做菜的事。

刘汉林介绍自己有一次接待保罗·安德鲁（法国建筑设计师），当时有一道菜的原材料是面疙瘩、青菜、螃蟹，便取名"白蛇传"。当时保罗·安德鲁听了觉得很是新奇，还问起了这个传说。刘汉林笑着说，面疙瘩——白素贞，螃蟹——法海，青菜——小青，传说中的人物都到场了，这不就是《白蛇传》吗？其实很多菜都是烧好了后才有取名灵感的。

天下难事，必作于易；天下大事，必作于细

因为不管做什么事都会有困难和痛苦，去解决的过程就是一种挑战。潜移默化之下，慢慢地，遇到什么事情都有一种平和的态度。

"你怎么看待工作和生活的关系？"

刘汉林说，他是一边工作一边享受生活，生活就是他工作的动力。对待生活的态度就是做人的态度。他清楚地记得，刚到海南管理一家酒店时，顾客不知道这里的菜肴到底合不合胃口。在他亲自去好几个菜场选购食材，和厨师一起配菜，和服务员一起端盘子，亲自为厨师捏肩膀

等一次次温暖人心的行动后，酒店客人络绎不绝，营业额做出了超常的喜人数字。食物不在于多，而在于人对自然的一种崇敬，在于你是不是吃得有情感、有温度，这样才有舌尖上的味道产生。只在食堂里吃，是不知道什么是味道的。

就如未来中餐的发展趋势，他个人认为，中国的中餐会越来越西化，帮派界限越来越模糊。他记得 10 年以前，我们烧菜都很讲究两个字：正宗！不管什么菜都以最正宗烧法为豪。现在只要你能烧出客人满意的菜，就是一种成功。这几天他在研究一种甜品，原材料是牛油果、无花果、桃子酒酿，他尝试做了以后，在给 LV 亚洲区前总裁送行时用于招待。对方品尝后觉得甜酒酿中和了牛油果的肥腻，这款甜品既有强烈的中国味道，又香味十足，符合西方传统饮食习惯。厨师确实要敢于创新，需要不断了解每一种食材的故事。

"你尝尝这道菜，原材料就是普通的农家茭白。"我一看碗中的茭白，切成两三寸长，慵懒地躺在那里。我一开始犹豫着要不要落筷子，因为我不喜欢茭白的味道。为了礼貌，我小小咬了一口，居然醇厚香甜，回味绵长。我边继续夹起其他的茭白往嘴里塞，边竖起大拇指，好吃！

"工作的时候认真工作，生活的时候用心生活，两者并不矛盾，而且工作中的灵感往往来源于生活中点点滴滴的积累。俗话说材料好，菜才好，选料好，菜就成功了一半。茭白经过特殊处理后，先烫后蒸，既防止了过度油腻，又滑嫩有弹性，再配上香醇的梨花酿，其鲜无比。看着你们'狼吞虎咽'，是我最幸福的事。"刘汉林说，当时家里受父亲的影响，都是男人烧菜，看着大家吃得高兴的样子，自己比他们还高兴，自此，他动了做厨师的念头，因为他发现自己很喜欢这种做出美味的感觉。

故人具鸡黍，邀我至田家

从识食之爱食到识食之懂食，直至识食之做食，他的厨艺得到了很多人的认可。一身粗布常服，亲切的笑容，眉眼弯弯，温和而谦逊，言语之间却不经意透露出他的豪情。短暂的交流，让我豁然开朗，厨师也有大境界，心境平和才是最好的调料，正如刘汉林写的散文："去年秋，去铜鉴湖村移芭蕉，旁边有棵紫薇也顺便移了，前几天开了花，轻轻的粉色。且把这紫薇画在了团扇上。"这样一种悠然的心境下，烧的菜自然而然也悠然了。

刘汉林说，醉庐做饭的地方虽然很小，但这里的一切都非常有家的感觉。来这儿吃饭的客人，基本都是朋友带来的朋友，即便朋友过来也要预约，不接受突然造访，因为美味的食物需要时间去精心准备。这里没有菜单，所以不接受点菜。刘汉林很喜欢这一点，因为这给予了厨师充分的自由。然而，没有要求就是最高的要求，因为这很考验一个厨师的把控能力。每次客人预订后，他都要询问客人的基本信息和口味偏好等，认真揣摩之后再制定一份适合客人的菜单，并且亲自去菜市场挑选食材。哪怕是简单的配菜，他也会精挑细选，把握好过程中的每一个细节，争取做到完美。其实食物最能传达一个人的真实情感，他认为厨师烹饪时的心情对菜品的味道有影响，所以每次给客人准备饭菜时，他都会尽量保持愉悦的心情。

刘汉林说，他希望能引导身边的人慢慢去了解食材。他温文尔雅，谈吐不凡，幽默而不失风度。边看着这样的师傅料理食材，边和他谈天说地，边享用精致的美味，的确是至上的享受了。用餐变成了仪式，温馨美好。而这背后的付出和汗水，或许比食客们想象的要多出太多。

　　和刘汉林一起走出小径，他慢慢地收拾好带来的盘子，悠悠地放进竹篮，温文地和我们告别。抬头一看，那轮秋月不在笑吗？在这个叶子黄而未落的秋天里，在云卷云舒、潮涨潮退之间。

专访于 2018 年 9 月

以匠心一鸣中华，以初心制舟以恒
——专访省级非物质文化遗产南湖画舫制作技艺 传承人韩鸣华

人物名片： 韩鸣华，浙江嘉兴人，浙江省非物质文化遗产南湖画舫制作技艺传承人、江南水乡船文化民间艺术家、南湖红船船模创始人。红船船模获 2009 中国旅游商品大赛金奖，入选第三批浙江省优秀"非遗"旅游商品名单。韩鸣华制作的红船模型被国家博物馆、南湖革命纪念馆纳入珍藏品之列，被浙江省委党校收藏。2015 年，韩鸣华为中央党校制作可下水红船模型，该模型现停靠在中央党校内。

　　7 月的一天，一位姐姐带着我到了我向往已久的韩鸣华老师工作室。一股檀香木独有的香味弥漫开来，令人心旷神怡。为庆祝中国共产党成立 100 周年，嘉兴鸣华红船文化传媒有限公司一直在赶制 100 艘紫檀木纪念版红船模型。

　　韩鸣华师傅在嘉兴可是个传奇人物。只见他气质清朗如水，长方脸膛，棕红肤色，鼻直口阔，眼睛虽不大，却藏锋卧锐，流露出坚毅的神采。我们握手问好后，随即进入了"过去、现在、未来"的专访思维通道。

韩鸣华（右）和本书作者（左）

舟行运河畔，秀城桥下梦

　　韩鸣华沉思着说道："其实我接触船也是有地方运河文化底蕴的。我小的时候就喜欢看船，几十年以后，我有幸和红船结缘，看似偶然，其实也是一种文化底蕴决定的必然。"

　　我忍不住抬头看了看韩鸣华，脱口而出："韩老师，您哲学水平很高啊！"

　　"呵呵，也是自己的人生感受。小时候我家就在嘉兴秀城桥旁，我也算是运河边长大的。小时候，还有一个人对我的人生起了决定性作用。我们都住在老宅，老宅前面是马路，就是嘉兴的环城路，后门就是大运河，当时住在我们边上的邻居是谁呢？是现在的中国工程院院士潘君骅，他现在已经91岁了，我小的时候爱观察、爱动脑也是受了他蛮大的影响。他每年回来看他父亲。那时候我还小，10来岁，但是已经基本能听懂他说的内容了。他教我们这些左邻右舍的孩子看星星，给我们讲天文故事。没想到后来我们的邻居居然成了著名的应用光学专家。我吃着大运河的水长大，大运河也看着我长大。那时从学校里回来，第一件事不是做作业，也不是看书，而是把书包一放，就到后面运河边去看船，不知为什么，我从小就喜欢看船。"

　　"您是怎么看船的？"

　　"小沈，你还真甭说，可能是这条运河从小就熏陶了我。我小时候看船就是双手托腮，看着这个船从一个点到越来越大，从眼前驶过，慢慢地又成了一个点，一定要看到船开走看不见才罢休。到七八岁这个时候，只知道船是坐人的，是装货的，慢慢长大了，就想知道让船行驶的动力是怎么来的，又慢慢理解了船帆的用途。"

　　"那时候，您有什么想法？"

"我长大了也要做船。在这种想法的激励下，我在 11 岁那年的暑假，用了几十天，做出了平生第一艘小船。"

"哇，您还真做出来啦？"听到这里，我比韩鸣华更兴奋，"这船有多大？能开吗？"

"这个船长四十几厘米，做船的板是他们废弃的木板。这木板是用 3 块板合起来的，中间一层是用比较差的木头，比方说杨木，它是起支撑作用的，外面两层是皮，它是起保护跟美观作用的。在水里泡了一夜，三夹板就成三层板了。中间这一层用比较硬的木头，做船的龙骨。加上左右旁板，花了 20 来天时间，我人生第一艘小船就做好了。"

"韩老师，您的船能够在水里开吗？"

"做好这条船，自然想让它在水里行驶啊。但是这船没有动力，没法行驶。怎么办？我当时想到，火车是用蒸汽推动前进的，我后来想了一个办法，在船后面装上瓶子盖，里面放点菜油，再把灯芯浸在油里点亮，它就产生什么？"

"热量！"我和一起来的小姐姐异口同声道。

"是的，产生热量之后换一个方向排热，排出去之后就产生动力，这个船就往前面走了。"

"哇，那时候你才读小学，物理学原理就不学自通啊！"

"我想，这又要感谢我的好邻居潘君骅院士了。以前也没电风扇，更没空调，一到夏天，院子里面先浇几桶水，然后人在外面乘凉，对吧？我们就等着他出来给我们讲故事。他每年这时回来就跟我们讲好多天文方面的故事，问我们地球是不是很圆的，为什么有季节变化，等等，一边问我们，一边给我们讲这些的原理。那时候他应该已经从苏联留学回来了。后来我才知道原来他是专门研究这个东西的。其实那是少年的一种幸福感，现在条件好了，这样的氛围反而没有了。"

"好羡慕您有一个好邻居，这也是美好的童年。"

"我很喜欢听他讲宇宙是无边无际的，有恒星，有行星，其实无形中我吸收了很多知识，所以小船做好的时候，我就想到要用热量跟风产生对抗，船就往前进了。实践告诉我船出去后没方向，它就是随风动的。我就去研究船，为什么它可以控制方向？后来我发现船后面有一个舵，很奇怪，有了舵之后，船就很听话，出去在外面画一个圈就自己会回来。经过我的实践，角度越大，圈就越小，角度越小，圈就越大。解决了方向问题，我又进一步思考，摇船的橹又是起什么作用？其实它科学的名字叫推进器，因为橹把船推动前进，就如飞机的发动机利用气流推动飞机，是一个道理。那时我的船成功下水行驶了，在岸边看的小孩很多，都是我的同龄人。"

"当时，您应该很高兴吧？"

"嗯，很得意，像明星一样。"韩鸣华露出纯真的笑容，仿佛那年暑假的情形重现。

"您做这船，有没有大人帮助啊？"

"因为下河玩船也是很危险的，所以大人是禁止我捣鼓的，大人在的时候我都把船藏好了，根本不让他们看到。他们上班后，我全部搬出来了。"韩鸣华露出小时候成功瞒天过海后的笑容，"连游泳都是自己学会的。不让大人知道我玩水，玩船。不然大人要担心的。"

"那时成了邻居小伙伴中的明星了，心里会飘飘然吗？"

"那倒没有，总觉得还不够完美，后来上四年级了，学业压力慢慢有了，也就没有再做下去。当时我们家对面有一家嘉兴标牌厂，做了一个'南湖船'标牌。"

"这么早就有南湖船的标牌了，还在吗？"

"在的，我保存到现在，那时候一个班里 56 个同学都有的，每个同学上交 5 分钱，集体买的。大部分孩子应该已经丢了，我是从 1964 年保存到现在。"

"厉害，韩老师您是保存时光的高手哦。"

"十五六岁时，要求我们去学工、学农，去拎马桶，最热的时候去农村割稻，到工厂学打钻头、磨砂皮等，当时这样锻炼我们，确实对我们以后的发展有好处。"

"有什么好处？"

"一个是动手能力，一个是不怕苦不怕累不怕臭的吃苦能力，还有就是学会了要珍惜每一样东西。"我不由自主地点点头，觉得有些汗颜，在吃苦方面，我们一定及不上 20 世纪 50 年代出生的长辈们。

初心在方寸，咫尺见匠心

"后来，时间过得很快，我是 1997 年企业破产下岗的。"

"原来是什么企业的？"

"电子仪器厂。"

"那时和做船还没有搭界？"

"嗯，那时还没有。那时我开了一个家用电器修理部，从 1997 年下岗开到 1999 年，其实收入还蛮好的，一个月能赚几千元钱，那时候人家一个月工资才 200 元左右。当时我还带了 3 个徒弟。但是心里总有一点什么。"

我抬头问道："什么？"

"有一种不甘心吧。本想这一辈子快到 50 岁了，就这样开开修理部，但是心里总想去做点什么更有意义更能展示自己能力的事情。于是我去农村承包池塘，养鸡养鸭，做农庄，但由于不是自己的专长，把钱都赔进去了，还亏了四五万元。我原先厂里跑业务时认识了一个业务上的朋友，他开了一家贸易公司。2000 年，他到杭州出差，又到嘉兴来看我，我也特意带他到南湖参观。我送他去火车站时，他说嘉兴很有江南水乡的味道。我们谈得蛮多，也对他聊起了我做农庄亏钱的事，他当时就对我说，不应该做这个事，他说我在江南这么好的地方，'上有天堂，下有苏杭'，应该做一些文化的东西。

"朋友走了之后，那天晚上我一夜没睡好，我想想他讲得有道理，想到半夜，突然想到，我应该做船呀。船是我们水乡的文化呀，当时临近建党 80 周年。2001 年是建党 80 周年，80 年前，中国革命的航船从嘉兴南湖启航，嘉兴有一艘独一无二的南湖红船啊。那就做红船模型！当时我想到了就干，义无反顾。

"做船之前那段时间，我跑了近 20 趟南湖，不放过红船的任何一个细节，以至于岛上的保安师傅都认识我了。在我心里，制作红船意义重大，必须尊重历史、尊重文化，要做就要真正用心。做船我有着自己的初心，第一是坚持外观的逼真，第二是使用传统的工艺。我从最基础的造船工艺学起，船底的油灰填缝、木板的掺钉连接以及榫卯结构的组合，这些传统的技艺流程，每道我都一丝不苟。花了有两三个月的时间，第一批红船船模终于在我手下诞生了。一共做了 3 艘，每一艘都惟妙惟肖，25：1 的船模由 480 多块小木头拼接而成。

"做好之后，我把船模拿到有关部门，当时想法很纯粹，就觉得应该有一个文化礼品能代表我们嘉兴的。因为当时市里，包括我们嘉兴的各大公司，他们出去送礼也没什么东西好送，我想做这个船也是嘉兴的一个名片，就这么一个想法。

"当时在嘉兴也不知道找什么部门，当时看到一张省里的报纸《钱江晚报》在为2001年建党80周年而宣传。于是我拿着船找到钱江晚报社。我的本意是什么？我代表嘉兴老百姓向党献礼，有这种想法了，不管成不成，心里起码不紧张了。当时通过门卫打电话上去，他还没讲完，我抢过电话就一口气说了：'李总（听传达室的人叫他李总），我是嘉兴人，建党快80周年，我专门做了一艘红船船模，为建党80周年献礼。'他在电话中说：'好好，我马上来，因为我们需要这个题材。'他们认可了，我胆子就大了。"

"当时，《钱江晚报》登载了您做的船？"

"嗯。"

"后来嘉兴市政府在南湖边上搞了一次赠送红船仪式。"

2001年，在中国共产党成立80周年之际，韩鸣华将其中一艘红船船模郑重地送到南湖革命纪念馆，这也成了该馆收藏的第一艘红船船模。自此，他的人生与这艘船产生了密切的联系。

"转眼就到了2001年，离建党80周年还有20多天时间，嘉兴市里接到一个通知，为了体现党在人民心中，要在新建造的市政府市民广场那里做一艘大船，人要能上去表演和走路。我当时就说，我一直做40多厘米长的小红船的，只能试试。对方告诉我，不能试试，只能成功。困难很多，也没场地，本来我是做模型的，一下让我变成'造船厂'了。"

我被韩鸣华的对比式描述逗笑了，笑后才发现自己很幼稚，因为确实困难重重。

"您当时怎么做的？"

"当时还要求我20天完成，那是绝不可能的事情。但是又要把不可能变可能，我晚上睡觉都在构思怎么把这个船做得牢，人能够站上去，而且能动。没办法用发动机对吧？发动机一开，场上声音就不得了了，对吧？"

"那您是怎么解决这个问题的呢？"

"所以船底下空了一块方块是不做的，不做我采用什么办法？里面有 6 个人在推，在铁轨上推，这个船底下装了 4 个轮子。跟他们中央歌舞团的配合，音乐一响，里面的人就推着船走几步，整个船的所有活动跟广场上的音乐、舞蹈全部配合好。"

"韩老师，您太牛了。居然有这样的创意！"

"我经常想起我的邻居潘君骅，当时他一边讲故事一边让我们动脑，或许那时候就给我种下了科学的种子。"

"我觉得您是在实践红船精神中的首创精神，更值得敬佩！因为从没搞过。"

"因为承办方跟我讲，时间紧，中央一台到中央四台全部要播出，而且中国要向全世界转播中国共产党建党 80 周年庆祝活动实况，所以压力很大，晚上我睡不着。

"那时候我家附近有一所农校，暑期学校放假了，我去跟农校把篮球场租下来，把这个船的尺寸，按照演出的要求直接画在篮球场上。那时候要求这个船是做 12.8 米，我按照 1 ：1 图纸全部画在水泥场上，就是哪一块板，多少块板，多少长，都按照 1 ：1 的比例画下来。因为时间紧张，按照正规要求，画画图就要好几个月了。"

"那么打造船的团队是哪里的？"

"电焊工、木工都是临时叫的。我那时候也是比较艰苦，几乎 20 天没回家睡觉，就睡在生产场地里，就在篮球场。"

"露天吗?"

"没有,整个船用一个帐篷全部遮起来,旁边放一个藤椅,放下来可以睡觉,谁碰到问题就把我叫醒,就这样。电视台当时是跟踪采访的,每天向全市人民报道,红船现在做得怎么样了,现在已经进入什么程序,是什么状态。我在第 18 天就做好了,比约定的时间提前 2 天。"

"真好!"我又激动又兴奋,只觉得词穷,难以表达我的赞誉之情。

"有个中央台的主持人说他很佩服我们,说我们江南人机灵聪明。"

"韩老师,您放在农校制作的船,怎么运过去的呀?"

"小沈,你还真问到点子上了。当时我也在想怎么办,我一问运输公司,都说挺难,运输费用也不少。我骑车回来时,正好看到勤俭路上挂着一幅横幅,'有困难找民警'。看到这个,希望就来了,我马上打 110,我说庆祝活动要用这个产品,你们能不能安排一下把我这个船送过去? 没想到他们说了一句让我感动的话,'我们马上执行命令'。

"当时中央'心连心'艺术团演出时,船里面 6 个人是我安排的,是我们自己厂里出去的人,以朋友的身份来的,一分钱也没收。这 6 个人要培训他们根据不同的音乐推船,跟着节奏推到哪里就是哪里,包括小朋友献花,包括歌手唱歌时的走动。"

"您还记得当时的演出主题是什么吗? 观众有多少人?"

"央视'心连心'艺术团当时在嘉兴演出的主题是'你是一面旗帜',有 60 多名国内知名演员、2 万多名群众演员和 5 万名现场观众,真的是人山人海。当时我这艘活动的船应该也是最大的任务之一了。

"后来,政府联络组让我报这艘船的造价。在做这艘船的时候我是一点都没想着成本和工钱,所以大致算了一下报了 7 万元。最后一算还亏了 2000 多元。"

"您向政府再申请这笔钱了吗？"

"没有，想想算了。因为心里还是很自豪的，这么一个艰巨而又伟大的任务是我领衔完成的。"

"韩老师，我都为您骄傲。"

"当时歌手唱歌时，红船驶来，一种感激党感恩党的感情就上来了，气氛就起来了。当时的主题也是一定要体现党在人民心中。"

一只船模万里行，红船精神四方扬

"后来我们也做了几件大事。2009 年，我制作的南湖红船模型代表浙江省在国际旅游商品博览会上摘得金奖。"

"真为您高兴，时间给了您当时'义无反顾'做船的礼物。"

只见韩鸣华咧嘴一笑，很是阳光："2015 年，当时耗时 100 天，按照实际红船大小 1：0.9 的比例制作的红船船模停靠在了中央党校；还有一个就是浙江省委党校的那艘 9.6 米 ×2.8 米的红船船模。"

"浙江省委党校这艘我见过，前几年我去浙江省委党校培训 18 天时，天天见，基本上是仿真了。"

韩鸣华对红船船模如数家珍："2013 年制作的 2.18 米红船模型被首都博物馆收藏。"

2017 年，韩鸣华被选为省级非物质文化遗产南湖画舫制作技艺传承人。

"这一艘艘船模，最远的驶到哪里了？"

"新疆，黑龙江，海南。红船船模还驶出了国门呢！"

"去了哪里？"

"英国。"

"您真厉害！"

确实，从 2001 年之后，一艘艘南湖红船船模驶进了西柏坡、井冈山、延安等众多革命圣地，也成了政府、企业、商会对外交流的一张嘉兴文化名片。红船船模走出嘉兴，走出国门，成为更多人了解嘉兴、了解红船精神的生动载体。

我环顾四周，看到很多红船的船型，从 10 多厘米到 10 多米，各种规格都有，我的好奇心又来了："韩老师，红船船模是什么时候丰富起来的？"

"庆祝建党 100 周年之前才丰富起来。比如我们做的船模现在有 21 厘米的，就是代表 1921 年建党的年份；71 厘米的，代表 7 月 1 日，建党的日子；还有特制 100 厘米，最新设计的红船船模，按照特定比例缩小制作后，它的长、宽、高刚好是 71 厘米、19 厘米和 21 厘米，暗合了'1921'和'7·1'，以庆祝建党 100 周年！"

听着韩鸣华的介绍，我左看右看，拿起手机左拍右拍，精美的红船船模让我目不暇接。

"经过 20 年时间的研究，现在做一艘船模需要多久？"

"一艘红船船模从选料、切割、抛光、拼接到加工制作基本完成，大约需要 7 天时间。为了庆祝中国共产党成立 100 周年，让更多的人可以近距离感受南湖红船之美，也让'红船精神'随之传播。"韩鸣华接着说道，"船模不是玩具，而是历史、文化。我和我团队制作的红船，船身、头龙门、利市头、稍龙门等比例都恰到好处，舱外桅杆、缆绳桩、船橹、舱内椅凳、案几一应俱全，对嘉兴南湖湖心岛停靠的红船的还原度是极高的。"韩鸣华手里托着一个 10 多厘米的红船船模，一一指着不同的部位，认真地给我们两讲解。

"嘉兴各地这样 10 多厘米的船模，一个月销量大概多少？"

"现在每个月有两三千艘。"

"韩老师，您现在最大的梦想是什么？"

"我的梦想是让每个来嘉兴的游客都能带着'红船'回家，也让红船精神传播到四方。"一艘艘红船船模，就是他的初心。他，以匠人之心将自己的奋斗人生与南湖红船牢牢联系在了一起。

"您做红船 20 年，最大的体会是什么？"

韩鸣华沉吟了一下："最大体会……苦乐都有吧。做这个船模不容易，吃了不少苦，但也乐在其中。应该说我们做红色文化，很容易受到人家的尊重。还有一个是体会到了其中的首创精神，不然很可能就不会出现各式各样的船模了。还要有奋斗精神，把事情做好，做到完美，没有一种长期的奋斗精神，你也坚持不下去。作为一个嘉兴人更要有一种奉献精神，做定制的红色文化礼物，很多时候有时间要求，我们无论什么时候，都是鼎力支持，日夜赶工，还保证质量，把最好的红船船模拿出来。"我边听边不停地点头。

"我这 20 年，做了 20 多万件大小不一的红船模型，在做红船船模的时候也践行了'红船精神'中的首创精神、奋斗精神、奉献精神。"韩鸣华的微笑中流露出自信；挺直的鼻子下两道法令纹，更显出坚毅刚强的气概。

韩鸣华以几十年为代价去做一件事情，那是一种情怀、一种执着、一份坚守、一份责任。这种情怀就是脚踏实地、一丝不苟、精益求精，一心一意地做一门手艺。

专访于 2021 年 7 月

后 记
星星之火，可以燎原

　　我从小喜欢看人物传记，诸如《诸葛亮传》《武则天传》《苏轼传》《李清照传》《朱元璋传》《张居正大传》《曾国藩传》《周恩来传》《邓小平传》《林肯传》《罗素传》……我喜欢了解中外名人的生平事迹，在他们的故事里，有戍边卫国的身影、服务黎民的追述、家国情怀的倾诉、善行天下的颂歌，这些都使他们成为引领我精神世界的人。

　　2017年金秋，我站在钱塘江边，看到满地黄叶，看到高楼林立，看到江边儿童嬉戏……一种我们都是伟大的中华人民共和国的风雨征程的亲历者、见证者的感触油然而生。我们生活在一个伟大的时代，是中华民族伟大复兴的参与者。无数个体参与到伟大复兴的过程中，每个人就像太阳光芒中的一束、满天繁星中的一颗、连绵山岭中的一座、钱塘江浪花中的一朵。于是我记录下这些追求理想、脚踏实地、勤奋敬业、温厚实诚的对浙江乃至中国发展有突出贡献的各行各业的先进工作者，将他们一串串坚实的脚步、一次次奋力的攀登写下来，在这个伟大的时代，用文字为史存证。我注重宣扬他们每一个人内在的信念和执着的奋斗，因而更有一种力量和情怀在其中。他们的精神在浙江大地上熠熠生辉，产生巨大的正能量，照亮迷茫者的人生路。

而这个梦想在无数人的支持下，居然实现了。

我深深记得 2017 年 12 月一个大雪纷飞的晚上，中国文联副主席陈振濂老师接受了我的采访。那天积雪有十几厘米深，他出来接我们到他在浙江大学的工作室，我们深一脚浅一脚地在鹅毛大雪中走进他的工作室。听完我的专访缘由，陈老师表示非常支持，并毫无保留地讲述了他的人生故事，采访结束已经深夜。

90 多岁的全国优秀共产党员、人民英雄胡兆富，年近 90 的中国工程院院士岑可法，两位老人精神抖擞地讲述了他们为祖国默默奉献的故事；中国工程院院士陆军在百忙之中用面谈和视频的方式讲述了他的奋斗历程；以楼云为代表的浙江籍奥运冠军群体，全国劳模孔胜东，艺术家许江、茅威涛，当代作家麦家、王旭烽，著名企业家南存辉、陈爱莲，特级教师蔡小雄……他们了解到我的专访缘由后都非常支持我，鼓励我要坚持下去。这些先进工作者叙述的点点滴滴中，有平平淡淡的日常，更有面对惊涛骇浪的时刻，但他们都非常真诚。他们叙述的故事真实且生动，很多内容都是首次如此详尽地披露，饱含着他们个人经历的艰辛磨砺，展现着他们的坚守与挚情。他们的人生历程渗透着一股追逐梦想的"狠劲儿"，他们的血液里流淌着不灭的梦想，他们对梦想的那种低调而用心的坚持亦与浙江大地深厚的内蕴相得益彰。

无论是科学家还是企业家，无论是人民英雄还是时代楷模，都有遇到艰难险阻的时刻。他们哪里来的力量和勇气呢？他们的答案是谋略、实力和毅力。成功的人的故事鲜有一帆风顺的，除却名利光环，他们大都有一段难言的心路历程，而这段历程值得记录与分享。所有接受我专访的人，均谈到以德为上的理念，也正是这份质朴，铸就了他们无畏亦无私的境界。

　　我想通过一篇篇专访，讲述一位位先进工作者鲜为人知的成长史、风雨兼程的成功史和烛照人生的心灵史，让读者体味到他们对梦想的追求、对未来的渴望以及他们为了浙江的风华所奉献的青春和热血。

　　至 2021 年 12 月，我利用业余时间专访了 42 位为浙江发展做出贡献的各行各业的人物。其间，得到了中共浙江省委组织部原副部长、中共浙江省委宣传部原常务副部长、"钱塘江故事"丛书主编胡坚的大力支持，得到了家人的无限支持，得到了被采访者的有力支持，得到了浙江工商大学出版社新媒体出版中心、大众读物工作室主任沈娴的友情支持，心中常常涌起温暖之意、感恩之情，也正是这些情谊化为我继续专访为浙江发展做出贡献的人物的力量。

　　写完上面的文字，我心中升腾起一股强烈的自豪感。回首往昔，浙江灿烂辉煌；展望未来，浙江前程似锦！而这些为之奋斗、为之奉献的人物的精神，将如星星之火，可以燎原！

沈晔冰

2022 年 2 月 22 日于海棠书斋

图书在版编目（CIP）数据

雕刻时光 / 沈晔冰著 . —杭州：浙江工商大学出版社，2022.6

（"钱塘江故事"丛书 / 胡坚主编）

ISBN 978-7-5178-4941-4

Ⅰ . ①雕… Ⅱ . ①沈… Ⅲ . ①人物—访问记—浙江—现代 Ⅳ . ① K820.7

中国版本图书馆 CIP 数据核字（2022）第 080129 号

雕刻时光
DIAOKE SHIGUANG

沈晔冰 著

出 品 人	鲍观明
策划编辑	沈 娴
责任编辑	孟令远　刘　颖
封面设计	观止堂_未氓
责任校对	穆静雯
责任印制	包建辉
出版发行	浙江工商大学出版社
	（杭州市教工路198号 邮政编码310012）
	（E-mail：zjgsupress@163.com）
	（网址：http://www.zjgsupress.com）
	电话：0571-88904980，88831806（传真）
排　版	浙江时代出版服务有限公司
印　刷	浙江海虹彩色印务有限公司
开　本	880 mm×1230 mm　1/32
印　张	8
字　数	189千
版 印 次	2022年6月第1版　2022年6月第1次印刷
书　号	ISBN 978-7-5178-4941-4
定　价	68.00元